En las puertas de la Segunda Transición

Al Fondo a la Izquierda IV

José Antonio Gómez

Primera edición: Septiembre 2.016
© José Antonio Gómez Hernández
ISBN: 978-1537786476

A Guille, porque siempre es viernes

Después de haber vivido la transición del totalitarismo, soy plenamente consciente de la necesidad de no dar por sentado las libertades fundamentales de pensamiento, de expresión y de creencia que la democracia trae

Daisaku Ikeda

Introducción del autor

Ha pasado ya un año desde la publicación del último volumen de la serie *Al fondo a la izquierda,* donde se recopilan los artículos publicados en diferentes medios de comunicación. En este tiempo la realidad política ha cambiado, y mucho. Hemos sido testigos del derrumbe del Partido Socialista Obrero Español gracias a los constantes fracasos de Pedro Sánchez. Los españoles hemos sido convocados en las urnas en dos ocasiones y, a día de hoy, el bloqueo político sigue siendo la tónica de nuestro país. Hemos visto cómo los bloques ideológicos tradicionales se han hecho más visibles, por mucho que desde las nuevas formaciones políticas se apostara por una falsa transversalidad. En resumen, nos encontramos en un proceso político en el que todos estamos de acuerdo en que hay que modificar los pilares sobre los que se asienta nuestra democracia pero quienes deben dirigir ese proceso están demostrando que no están a la altura de lo que los ciudadanos están exigiendo.

En este tiempo quien les escribe ha comenzado a colaborar con un proyecto ilusionante: el renacimiento de una de las cabeceras históricas de nuestro país, tanto en su edición digital como en la revista que se edita de manera mensual. Es un orgullo y una responsabilidad formar parte de la historia de *Diario 16*.

La culpabilidad de unas nuevas elecciones

Se está hablando mucho de una «Segunda Transición», de consensos, de pactos o de ceder por el bien común. Todo eso es correcto y es necesaria la unificación de criterios políticos para llegar a conseguir cerrar pactos de Estado. Sin embargo, la actuación de unos y otros está siendo irresponsable desde muchos puntos de vista por lo que la culpabilidad de que se celebren nuevas Elecciones Generales está en todos los tejados. En unos más que en otros.

Del mismo modo se está comentando mucho sobre el espíritu generoso de la clase política de la «Primera Transición», de las reuniones entre personajes tan diferentes como Manuel Fraga, Adolfo Suárez, Santiago Carrillo o Felipe González, por citar los cuatro que más influencia tuvieron en el futuro. No obstante, el análisis que se está haciendo de ese espíritu es erróneo porque lo que negociaron esos políticos no fueron pactos de gobierno, sino los pactos de Estado que eran fundamentales para consolidar nuestra democracia. Hay que recordar a quienes quieren justificar acuerdos antinaturales con tal de proteger las estrategias erróneas de sus líderes que la Transición se forjó a través de la Ley de Reforma Política redactada por Torcuato Fernández-Miranda, reformada por el primer Gobierno de Adolfo Suárez, aprobada por las Cortes Franquistas y refrendada por los españoles en el Referéndum de diciembre de 1976. Posteriormente, comenzaron a efectuarse las modificaciones legales negociadas por Suárez con la Comisión de los Nueve (Diez si incluimos al representante sindical que tenía voz pero no voto) y que fueron impuestas a través de Decretos-Ley antes de las Elecciones de 1977. A partir de ese momento, y no antes, fue cuando las diferentes fuerzas políticas comenzaron a negociar la Constitución o los Pactos de la Moncloa. Como se puede ver, no hubo ningún tipo de acuerdo de Gobierno, fueron reformas. Por eso las analogías con aquel tiempo que se están realizando son claramente erróneas, sacadas de contexto y reflejo de la incultura política que hay en este país.

Ante los resultados de las Elecciones Generales del 20 de diciembre se planteaba un escenario en que era obligatorio que las distintas fuerzas políticas se pusieran de acuerdo, en primer lugar, para lograr la investidura de un Presidente y, en segundo lugar, para alcanzar acuerdos de Gobierno. Ninguna suma natural da una mayoría suficiente como para afrontar las reformas urgentes que el país necesita para modernizar y reforzar un sistema democrático que se nos ha quedado obsoleto y, por tanto, inútil ante las nuevas necesidades de la ciudadanía. Sin embargo, los partidos están dando un espectáculo lamentable y estamos abocados a una nueva cita electoral para el mes de junio de este año. ¿Quién o quiénes son los culpables?

En primer lugar, la clase política en general que ha demostrado que en este país no tenemos a representantes dignos de la confianza que se les depósito en las urnas. Está claro que lo que los españoles reclamamos en diciembre era un entendimiento entre distintas fuerzas para que hicieran frente a las verdaderas necesidades de los ciudadanos y resolvieran los problemas que las políticas restrictivas del Partido Popular crearon con sus medidas de fanática austeridad. Sin embargo, no ha sido así y el enrocamiento de algunos va a derivar en la convocatoria de nuevas elecciones.

En segundo lugar, la actitud cobarde de Mariano Rajoy ante la investidura. Desde el Partido Popular no hacen más que hablar de que la Presidencia es suya por derecho, un derecho que, según ellos, se lo ganaron al ser la lista más votada. Esta actitud demuestra un desconocimiento supremo del funcionamiento de una democracia parlamentaria que es la que tenemos en España y que da la posibilidad al pacto para lograr mayorías. Hasta ahora no se había producido este hecho a nivel estatal pero los ciudadanos decidieron el 20D que ya no querían más mayorías absolutas en las que se roza de manera preocupante la línea que separa un sistema democrático de uno dictatorial, tal y como ha gobernado siempre el PP cuando ha dispuesto de más de 176 escaños. El planteamiento de Rajoy es el que se podría aplicar a una democracia presidencialista. Como sabía que nadie iba a apoyar su investidura decidió retirarse y no afrontar su derrota. La cobardía de Rajoy y la no aceptación del PP de las reglas del juego democrático son los primeros culpables de que en junio tengamos que ir a votar porque ese echarse a un lado no tiene otra intención que la de debilitar al PSOE.

En segundo lugar, la actitud frentista de Podemos está siendo de lo más irresponsable. No saber distinguir los plazos de negociación y entrar en la misma planteando líneas rojas que se sabe de antemano que con quien se puede pactar no va a sobrepasar es un claro indicio de que, por mucho que se hable de manos tendidas, no existe intención de llegar a ningún tipo de acuerdo. Podemos está demostrando, por un lado, su bisoñez y, por otro, su clara apuesta por unos nuevos comicios. En la formación morada tienen la impresión de que una nueva cita electoral les llevará a ser la primera fuerza de la izquierda. El sorpasso al PSOE es una opción nada descabellada, sobre todo porque es el propio Partido Socialista quien le está haciendo la campaña a Pablo Manuel Iglesias con un pacto con la derecha que imposibilita cualquier acercamiento a las demás fuerzas progresistas. Podemos ponía como condición que ellos tenían que entrar en el Gobierno y tener las principales carteras ministeriales del mismo, además de que su vicepresidencia tuviera un poder superior al del propio Presidente. Esta es otra demostración de que no se quería llegar a ningún acuerdo. Esta actitud frentista es otro de los factores que nos va a llevar a nuevos comicios porque lo único que se pretende es debilitar al PSOE para lograr la hegemonía del espacio progresista.

Ante todo lo anterior nos encontramos con el que pensamos que es el principal culpable de que se tengan que repetir las Elecciones Generales: Pedro Sánchez. El hecho de que el actual Secretario General esté forzando la situación para ser investido Presidente de Gobierno tiene que ser visto más como un ejercicio de supervivencia que de responsabilidad. Hay que recordar que Pedro Sánchez ha logrado tener un «resultado histórico», tal y como dijo eufórico en la noche electoral, pero un «resultado histórico» negativo ya que fue el peor en los más de cien años de historia del Partido Socialista: 90 escaños. Esa misma noche ya tuvo que dimitir, tal y como hizo Almunia en 2000, pero no, hizo todo lo contrario y salió eufórico ante el estupor de la militancia. Si ya tenía una posición débil a nivel interno, hecho que se demostró en el Comité Federal por la multitud de voces críticas, la decisión de las urnas le debilitaba aún más e hizo lo propio de quien se siente acorralado: tirar p'adelante. Se presentó ante el Jefe del Estado como el único candidato con posibilidades de formar Gobierno sin tener cerrado ningún acuerdo con nadie, lo que demuestra una irresponsabilidad supina. Intentó llegar a acuerdos con el resto de fuerzas políticas de la izquierda pero fracasó, en primer lugar por la actitud de Podemos y, en segundo lugar, por su inoperancia negociadora a la hora de hacer apetecible el hecho de pactar con él. Su debilidad interna y su querer seguir en la cresta de la ola provocó que convocara una consulta a la militancia sobre los pactos que iba a alcanzar para enfrentarla al Comité Federal reacio a que se cerraran acuerdos con Podemos porque los críticos sabían de primera mano que el ansia de poder de Sánchez iba a provocar concesiones inaceptables. Sin embargo, a pocos días de que se celebrara esa consulta el Secretario General se encontró con que no tenía nada que presentar a las bases y firmó el

Acuerdo con Ciudadanos, con «la marca blanca del PP», según las propias palabras de Pedro Sánchez, con la derecha neoliberal. La consulta se habían planteado para que esas bases teóricamente más de izquierda apoyaran un acuerdo con Podemos frente al teórico «socialismo más conservador» de los miembros críticos del Comité Federal. Sin embargo, ahora la militancia se enfrenta a decidir sobre un pacto con la derecha, con «las Nuevas Generaciones del PP y de FAES» (vuelvo a citar palabras del propio Secretario General), un acuerdo en el que se ha claudicado, que no cedido, en aspectos que deberían ser irrenunciables para el PSOE, como la no derogación de la Reforma Laboral, de la Ley Mordaza, la aceptación de los copagos sanitarios, la no eliminación de la Reforma de la Ley del Aborto del PP o la no aplicación de un IRPF progresivo, por citar algunos aspectos. El pacto puede ser avalado por las bases pero lo que ha provocado es la negativa del resto de los partidos de izquierda a apoyar la investidura de Sánchez lo que nos lleva a un escenario en el que las elecciones deberán repetirse. El afán de supervivencia de Sánchez lo ha provocado, por eso es el principal culpable.

La urgente modificación de los horarios laborales en España

En el discurso programático de Pedro Sánchez en el Congreso de los Diputados, en el que reconoció que no se iba a derogar la Reforma Laboral sino que sólo se iban a modificar cuatro puntos de la misma tal y como hemos venido diciendo desde que firmó el acuerdo con Ciudadanos y que el sector «pedrista» de la militancia socialista seguía afirmando que sí había derogación por más que la realidad fuera la que ayer mostró el propio Secretario General, se habló de política laboral y se pasó de soslayo por varios de los puntos más importantes a implementar: la modificación de los horarios laborales o la constante confusión de la precariedad con la tipología de contrato y no con la duración de las jornadas laborales. Hoy trataremos en este artículo del primero de ellos.

El despertador suena a las 6:00 de la mañana y el trabajador hace su rutina antes de cerrar la puerta de su casa para ir al trabajo: Se desayuna, se ducha, se afeita (si es hombre), se maquilla (si es mujer) se viste del modo en que le exigen en su empresa y se dirige hacia el medio de transporte que utilice para desplazarse a su centro de trabajo, ya sea particular, con su correspondiente atasco, ya sea público con las apreturas, trasbordos y carreras por pasillos, calles, marquesinas o escaleras mecánicas. Desde el momento en que sonó ese ruido odioso del despertador han pasado más de dos horas. A las 9:00 comienza la jornada laboral con un pequeño descanso a media mañana. Tras unas cinco horas de trabajo, dependiendo de los horarios marcados por la empresa, el trabajador se dispone a comer en un espacio que oscila entre la hora y las dos horas, tiempo este que no es remunerado porque se trata de jornada partida. Ya nos encontramos en las 16.00, cuando no más tarde, es decir, diez horas desde que sonó el despertador. Sin embargo, aún le quedan, por lo menos tres horas de labor para dejar su puesto y regresar a casa. Cuando el trabajador entra por la puerta de su hogar son más de las 20.00 dependiendo de la distancia a su centro de trabajo. Este caso es el que viven cada día millones de ciudadanos gracias a lo que se ha dado en llamar el «horario español», millones de ciudadanos que dedican más de la mitad del día a su empleo lo que hace imposible la conciliación de la vida familiar y laboral.

Todo lo anterior está referido a un trabajador que cumple con su horario y que es de los dados a regalar horas de trabajo al empresario para que sus jefes piensen que su desempeño es fundamental para la prosperidad de la empresa o para garantizarse el empleo cuando en realidad es que esas actitudes los convierten en cómplices de la explotación a la que es tan proclive cierta clase empresarial española. Este hecho de regalar horas a la empresa, a pesar de que no se está haciendo otra cosa que mirar el correo personal, conectarse a las redes sociales, navegar por internet, jugar al solitario o chatear con sus amigos, es muy habitual en ciertos puestos con relativa responsabilidad, desde mandos intermedios a altos ejecutivos. No obstante, la experiencia ha demostrado que esto es un error. Siempre recordaremos el caso de un alto ejecutivo español que fue contratado por una multinacional escandinava. Mientras sus compañeros de escalafón terminaban su jornada a la hora marcada él se mantenía en su despacho horas y horas. Sus superiores se dieron cuenta de este hecho y le llamaron a una reunión. Él pensaba que le iban a felicitar por su entrega a la empresa y a renunciar a su vida por el trabajo. No obstante se encontró con lo contrario. Sus jefes le dieron un ultimátum ya que el hecho de dar horas de más daba la sensación de que no era capaz de desarrollar las funciones por las que había sido contratado. Tenía la obligación, para demostrar su valía, de cumplir con el horario estipulado sin horas extras.

También hay otros casos que hacen imposible esa conciliación gracias a esos horarios que la ley permite. Me refiero a quienes, aun teniendo jornada continua, sin paradas no remuneradas, tienen turnos rotatorios, lo cual impide que el trabajador pueda organizar un proyecto de vida.

La primera medida que debe tomar la Reforma Laboral de quien vaya a derogar la de Mariano Rajoy es la racionalización de los horarios de trabajo. No es normal que un trabajador español dedique casi dos tercios a su jornada laboral. Así es imposible tener un proyecto de vida, del mismo modo que imposibilita que se desarrollen otras actividades empresariales o se incremente el consumo diario de los hogares.

Para racionalizar los horarios hay que comenzar por algo muy simple: el cambio del huso horario actual al que realmente correspondería a nuestro país, el GMT +/- 0, es decir, el que actualmente tienen países como Reino Unido, Portugal o nuestras Islas Canarias. Queremos recordar por qué tenemos el huso que tenemos a pesar de que es historia que debería ser conocida por todos. Durante la II Guerra Mundial por su afinidad con el III Reich el dictador Francisco Franco decidió cambiar el huso por el de Berlín. Por tanto, se trata de una herencia más del franquismo. Tener el mismo rango horario que Reino Unido o Portugal bajaría el consumo de energía de las empresas y favorecería la reducción de costes que posteriormente se aplica al precio final de venta de los productos o de los servicios. Por tanto, uno de los objetivos que perseguía la Reforma Laboral de Mariano Rajoy se lograría tras derogarla, es decir, el incremento de la competitividad de las empresas españolas con el ahorro energético conseguido y no a través de despidos colectivos o reducciones salariales cercanas a la semiesclavitud.

En segundo lugar, en lo referido al horario español, aquellos que han anunciado la derogación de la Reforma Laboral deben tener en cuenta que las jornadas partidas han de desaparecer el mercado laboral. Como ya hemos visto al comienzo del capítulo la presencia de este modelo de jornada provoca que un trabajador dedique a su trabajo más de la mitad del día. Reformar el mercado del empleo en España pasa por caminar por la senda de la jornada continua, sin más interrupciones que los descansos que marca la ley, sin paradas no retribuidas que, al fin y al cabo, es lo que la lógica debería imponer. Sin embargo, para el empresario español está mejor valorada la permanencia en el puesto que la efectividad en la producción. Está comprobado que el trabajador rinde mucho más durante la jornada continua. Les pondré un ejemplo real vivido por el autor: en una empresa se propuso a la gerencia el cambio de la jornada partida por la continua con datos que demostraban que la productividad tras la parada de la comida bajaba un 30%. Dicha gerencia aceptó dicho cambio durante un periodo máximo de dos meses con un análisis diario de resultados productivos que, efectivamente, dieron un aumento total de la producción del 36% respecto a la situación anterior y un incremento del beneficio neto de más del 20%. Si las empresas ganan productividad también crecen en competitividad los trabajadores ganan en calidad de vida, en capacidad de descanso tras la jornada laboral y se logra aprobar una de las asignaturas que España lleva suspendiendo desde casi el inicio del mundo moderno: la conciliación de la vida laboral con la personal. La implantación de las jornadas continuas y la eliminación de las jornadas partidas logra, además, que las empresas aumenten su competitividad porque se logra un ahorro en costes energéticos que, sumado al logrado por el cambio de huso horario hace que las corporaciones españolas incrementen su capacidad para competir a nivel nacional e internacional tanto a nivel de servicios como a nivel de producción industrial. Todo ello sin recurrir a bajadas salariales ni a reducciones de plantillas.

La empresa de la que hemos hablado anteriormente ha ido creciendo desde los 10 trabajadores con los que comenzó a los más de 175 que tiene actualmente. Pero hablemos de una de las más grandes del IBEX-35 que también ha aplicado la eliminación de la jornada partida: nos referimos a Iberdrola. En el año 2007 fue la primera del IBEX que implantó la jornada continua y los resultados dan fe de que fue una decisión acertada en una gran empresa. Según los responsables de Recursos Humanos de la compañía eléctrica la productividad ha aumentado en más de medio millón de horas laborables porque el índice de satisfacción de los empleados se ha incrementado. Por otro lado, y esta es otra ventaja de la eliminación de las jornadas partidas, han reducido en más de un 15% sus niveles de absentismo uno de los aspectos que, como vimos en capítulos anteriores, se ha modificado con la Reforma Laboral del Partido Popular para que sea más fácil a los empresarios despedir a sus trabajadores con un coste menor al estipulado. El ejemplo de Iberdrola nos da otra ventaja de la jornada continua frente a la partida y es el descenso en más de un 65% de la siniestralidad laboral ya que la gran mayoría de los accidentes dentro del ámbito del trabajo se producen por la tarde, tras las horas que provocan las jornadas partidas.

Queremos dejar claro que no estamos defendiendo el trabajo a tiempo parcial como modo de implementar esas jornadas continuas, principalmente porque el tiempo parcial se está utilizando desde la aprobación de la Reforma Laboral de Mariano Rajoy como un modo de explotación del trabajador, tal y como ya hemos explicado anteriormente. En ciertos sectores que tras el derrumbe de la construcción se están convirtiendo en motores de la economía española se firman contratos a tiempo parcial pero se dan jornadas superiores a las cuarenta semanales. Es un secreto a voces pero no se hace nada para evitarlo porque no hay suficientes medios en Inspección de Trabajo, pero ese es otro tema, que analizaremos más adelante. Cuando nos referimos a jornadas continuas lo hacemos en los contratos a tiempo completo.

Esto nos enlaza con el siguiente punto, la reducción de la jornada completa de cuarenta horas semanales a las treinta y cinco que todos los sindicatos del mundo occidental llevan reclamando desde hace varias décadas y que en algunos países que no destacan por haber perdido productividad por culpa de esta cambio ni han subido sus tasas de desempleo ya se ha implantado. En algunos países de los que deberíamos aprender muchas cosas respecto a sus mercados de trabajo ya se ha dado un paso más allá y han implementado la jornada completa a treinta horas semanales sin reducción salarial asociada a la reducción de horas, con efectos positivos en su productividad.

Está claro que una reducción de la jornada máxima junto a la eliminación de la partición de la misma siempre conllevará un efecto positivo en la productividad de las empresas. Sin embargo, en el empresariado español se sigue anteponiendo la idea de que a más horas dedicadas al puesto el trabajador está más implicado con la empresa y, tal y como se ha demostrado en otros países, es un error. El compromiso del trabajador con su empresa se ve reflejado en los beneficios que retorna a la corporación y no en las horas que permanece en su puesto ya que un exceso conlleva tener trabajadores quemados que pierden más tiempo que otra cosa dado que si no se logra un desempeño óptimo durante la jornada asignada quiere decir que, o no rinde lo adecuado por dar la sensación de apego, o no está capacitado para llevar adelante su tarea.

Sin embargo, los efectos de la reducción de la jornada máxima van más allá ya que el riesgo de entrada en la pobreza de las familias biparentales se reduciría sustancialmente, como ocurre en la actualidad porque las jornadas parciales (sobre todo en el caso de las mujeres) no cubren las necesidades de una familia si los ingresos de uno de los dos miembros falla. Ya a principios del siglo XX Alva Myrdal ponía el ejemplo de un matrimonio donde el hombre aportaba 45 horas semanales. Si se redujera la jornada máxima a 35 horas la mujer se podría incorporar al mercado laboral y, de este modo, esa familia recibiría el salario correspondiente a 70 horas semanales.

Otra de las ventajas de la aplicación de la jornada de 35 horas semanales, junto a la eliminación de las jornadas partidas, lo tenemos en el ejemplo de Francia. La aplicación de esta medida provocó una mejora del capital humano dado que los trabajadores tenían más tiempo para dedicarlo a su formación, hecho éste que repercute finalmente en los resultados positivos de las empresas.

Tanto la eliminación de las jornadas partidas y la reducción de horas máximas semanales son medidas que no obedecen a la pretensión de trabajar menos y tener un salario igual o superior sino que son medidas imprescindibles para aumentar la productividad, para incrementar la salud de los trabajadores, y, sobre todo, son un beneficio para la economía global del país, dado que el consumo aumentará, lo que, a su vez, generará más puestos de trabajos en el sector del comercio, tanto minorista como mayorista. Pondremos un ejemplo con estos cambios y el lector lo podrá comparar con lo presentando al inicio del capítulo.

Un trabajador comienza su jornada a las ocho de la mañana, una hora perfecta para iniciarla, da sus siete horas de manera continua con los descansos marcados por la ley, y a las tres de la tarde ya es dueño de su tiempo, ya podrá conciliar su vida laboral con la familiar, ya podrá disfrutar de sus hijos, ya podrá salir de compras, ya podrá hacer deporte, lo que quiera porque es su tiempo. Será un trabajador descansado, sobre todo a nivel mental, lo que generará beneficio al empresario dado que el hecho de tener plantillas con trabajadores descansados mentalmente provocará que realicen con mayor diligencia las tareas que se les tengan encomendadas y para las que han sido contratados.

En otro orden de cosas que la mayoría de los trabajadores disponga de mayor tiempo dedicado a su propia vida generará un repunte de la actividad económica lo que, a su vez, creará más puestos de trabajo en el sector servicios.

Es evidente que hay sectores que ya están aplicando estas medidas en lo referente a las jornadas como, por ejemplo, todos aquellos cuyos trabajadores trabajan por turnos definidos, como ocurre en el comercio de grandes superficies o grandes empresas, en algunas cadenas de alimentación o las cadenas de producción de la gran industria. Por no hablar del sector bancario o de la función pública.

Respecto a quienes aplican una política de turnos también es necesaria una modificación importante y que debe estar recogida entre las reformas que deroguen la impuesta por el Partido Popular por motivos de salud de los trabajadores. Nos referimos a que la rotación de turnos debe ser prohibida. Aquellos que tienen su empleo han de estar ubicados en un turno concreto, sin cambios de ningún tipo, siempre con el mismo horario, salvo que fuera el propio trabajador quien lo solicitara. Una persona no puede tener un proyecto de vida si no conoce de antemano las horas que debe dedicar a su trabajo y las que tiene disponible para sí misma. Diferentes estudios científicos afirman que la rotación en los horarios de trabajo provoca a largo plazo un empeoramiento del estado de salud de estos trabajadores y su entrada en grupos de población en riesgo de tener enfermedades coronarias o relacionadas con el estrés que genera el hecho de no tener una estabilidad horaria y de mantenimiento de la seguridad biorrítmica.

De igual modo, también es innegable que existen sectores productivos en los que la implantación de la jornada continua o de la reducción a las 35 horas podría ser a priori perjudicial. Casualmente son los sectores empresariales donde se producen un mayor número de atentados contra los derechos de los trabajadores y un número muy elevado de abusos, muchos de ellos amparados por la Reforma Laboral de Mariano Rajoy en aras de la «flexibilidad» y la competitividad. Uno de estos sectores es la hostelería, uno de los sectores sobre los que se asienta la recuperación económica y el sistema productivo español. Sin embargo, una economía fuerte no puede cimentarse sobre la hostelería, del mismo modo en que no se puede asentar sobre la construcción, tal y como ocurría durante la bonanza económica de la burbuja inmobiliaria, por mucho que Cristóbal Montoro nos hablara de su «círculo virtuoso».

Pero este no es el lugar donde analizar el funcionamiento de la hostelería, así que nos ceñiremos al tema de las jornadas de trabajo. Gracias a la flexibilidad tanto salarial como de condiciones laborales propiciada por la Reforma Laboral en este sector se están produciendo abusos a sus trabajadores. En lo referente a las jornadas de trabajo nos encontramos con empleados que tienen contrato a tiempo parcial y desarrollan el mismo empleo que haría un trabajador contratado a tiempo completo, eso sí, con el salario adecuado a las horas firmadas. Esto no es una anomalía, son miles las personas que se encuentran en esta situación. Desde el Gobierno parece que se hace la vista gorda ante este hecho con el pretexto de que es un modo de que el sector turístico español gane en competitividad y atraiga turistas extranjeros a nuestro país. Por tanto, nos hallamos ante un sector fundamental de nuestra economía donde se ejecutan diariamente abusos a los trabajadores con el fin de reducir costes para que los empresarios puedan rebajar precios sin perder ratio de beneficio neto.

La eliminación de las jornadas partidas en este sector podría ser perjudicial para la hostelería, siempre y cuando se mantuvieran los abusos permitidos hasta hoy. Hay ciertos puestos dentro de este sector donde se trabaja por turnos y no generaría ningún tipo de conflicto con esta medida. Sin embargo estamos acostumbrados a ver al mismo camarero o al mismo cocinero en la hora del desayuno y a la hora de la cena. Esto no se puede permitir y la aplicación de estas medidas que proponemos haría que se generaran más puestos de trabajo puesto que cada turno tendría una plantilla diferente: camareros y cocineros distintos para cada una de las horas fuertes del día, con jornadas no superiores a las 35 horas semanales, con los descansos establecidos por ley.

Lo mismo que ocurre en la hostelería lo podríamos aplicar a cierto comercio que tiene horarios de apertura basados en jornadas de mañana y tarde con más de tres horas de parada durante la hora de la comida. Este sector también podría verse afectado por la implementación de la jornada continua y las 35 horas semanales. No obstante, la visión tradicional del mantenimiento de trabajadores que cubran todas las franjas horarias es, en parte, un abuso porque no deja al trabajador espacio vital, sobre todo porque en este sector también se trabaja en fines de semana, lo que hace imposible cualquier conciliación con la vida familiar. También es cierto que en gran parte de los casos los puestos de trabajo cubiertos en este tipo de comercio pertenecen a los propios dueños de las empresas.

En resumen, una de las primeras medidas a afrontar es la modificación de lo que se ha venido a llamar «el horario español» y adaptarlo a las corrientes que están generando otros países de nuestro entorno que son potencias económicas. Ya está demostrado que el actual sistema que prima la permanencia en el puesto a la eficacia, el dar horas por darlas, el quitar horas de vida a los trabajadores con la partición de la jornada es, además de ineficaz, un modo de dar a los malos empresarios las herramientas necesarias para abusar de sus obreros.

La derogación de la Reforma Laboral

Ante las consecuencias principales de la Reforma Laboral del Partido Popular todos los partidos políticos de la izquierda que pueden tener acceso al poder o que tienen base social suficiente para tener cierta influencia anunciaron antes de las elecciones que uno de los puntos básicos de sus políticas laborales pasaba inevitablemente por la derogación de esta Ley que tanto daño ha hecho a los españoles. Sin embargo se quedaron en el anuncio de la derogación sin exponer directamente medidas concretas, sin decirle a los españoles cómo van a regular el mercado laboral para crear empleo de calidad, para eliminar la precariedad, para devolver a los trabajadores los derechos que el Partido Popular les hurtó con esta Reforma.

No entraremos a analizar las pequeñas pinceladas que hayan dado los partidos para dejar claro que la Reforma Laboral tiene fecha de caducidad: el momento en que el Partido Popular deje el poder. Sería absurdo que quisiéramos entrar en disecciones de propuestas que no se han hecho o, al menos, no se han trasladado a la opinión pública porque más bien entraríamos en el mundo de las suposiciones, en supuestos sobre lo que podrán hacer o dejar de hacer tal o cual formación en base a sus modos de hacer política más o menos cercanos a la izquierda. Se trata más bien de una reflexión sobre los caminos que debieron recoger los partidos en sus programas electorales sin señalar directamente a ninguno en concreto, a pesar de que se puedan hacer referencias veladas.

Dentro del nuevo mapa político español nos encontramos visiones muy diferentes del cómo debería reformarse el mercado laboral, visiones que son incompatibles en algunos casos y otras que, con matices, podrían generar un mapa laboral que se ajustara a las necesidades reales de los ciudadanos y que también daría beneficios a los propios empresarios.

Todo el mundo, salvo el PP y los sectores más reaccionarios del empresariado, está de acuerdo en que la Reforma Laboral de Mariano Rajoy ha incrementado más el problema del desempleo y la desigualdad. La Reforma Laboral ha deteriorado aún más el mercado laboral español y no ha sido una solución, tal y como lo vendieron cuando la impusieron a todos los españoles del mismo modo en que Franco imponía sus leyes sin ningún control parlamentario y con todo el desprecio que un régimen dictatorial puede tener con la voluntad de pueblo. Por tanto, todos estaban de acuerdo en que hay que derogarla. No obstante, no es tanto el hecho de decir, afirmar, jurar o prometer que se va a anular esta Ley injusta y que tanto daño ha causado, sino que los partidos están obligados a explicar cómo la van a derogar, qué plazos se imponen para prescindir de ella y qué situación quieren lograr con ello.

Como ya hemos apuntado ningún partido ha expuesto un plan específico, no han presentado a la ciudadanía cómo van a llevar a cabo esa promesa de derogar la Reforma Laboral. Unos porque tienen ya a sus espaldas unas cuantas reformas del mercado del trabajo, algunas de las cuales fueron verdaderas traiciones a su propia ideología, otros porque no querían mostrar sus cartas y se encuentran más cómodos en el secretismo o en la constante indefinición y otros porque, directamente, siquiera saben qué hacer. Sin embargo, es fundamental que todos los partidos que ya han anunciado que van a derogar la Reforma Laboral de Rajoy y Báñez expliquen a los ciudadanos qué medidas se tomarán tras dicha anulación, cómo van a aplicarlas y, sobre todo, cuándo lo van a llevar a efecto.

Un partido responsable a apenas unos meses de las Elecciones Generales ya debía haber apuntado la dirección hacia la que va su acción de gobierno en este tema, en el caso de que logren que los ciudadanos les den el apoyo suficiente como para llegar a poder o la suficiente fuerza como para poder llegar a acuerdos con otros partidos. Sin embargo no es así, nos quedamos en el mantra de «derogaremos la Reforma Laboral», pero los ciudadanos necesitan que se les explique cómo y cuándo se va a hacer efectivo dicho mantra.

El Partido Socialista presentó antes de las elecciones unos pequeños apuntes sobre cómo tenía intención de modificar el mercado laboral, pero, tal y como decimos, son sólo unos apuntes que se quedan muy cortos respecto a lo que necesitan los ciudadanos. Es la tónica del PSOE desde que Pedro Sánchez es Secretario General, dar titulares que refuercen su propia imagen pero siempre quedándose corto respecto a lo que el pueblo demanda de los socialistas. Pero ese es otro tema. El pacto con Ciudadanos ha dejado claro que el PSOE de Pedro Sánchez no derogará la Reforma Laboral y que las modificaciones que se harían si el actual Secretario General llegara a ser Presidente no son más que pequeños retoques, algunos de los cuales tienen un claro tinte neoliberal. Esta es la razón por la que apuntamos que antes de las elecciones era necesaria la concreción de lo que se iba a llevar a cabo tras la presunta derogación. Dejar sólo titulares nos conduce a esto: que se quiera vender como un éxito lo que no es más que una reforma de la reforma sin entrar a su eliminación total del marco legal. Los cuatro puntos sobre los que se asienta el pacto PSOE-C's no son más que un burdo maquillaje para salir del paso porque no se profundiza en el meollo del problema. En primer lugar, las indemnizaciones por despido se mantienen, no se vuelve a los 45 días por año trabajado. En segundo lugar, se vuelve a confundir la precariedad del empleo con la duración de los contratos cuando la realidad de esa precariedad viene más por la duración de los mismos que por la tipología contractual. Se puede tener un trabajo semiesclavo con un contrato indefinido porque es a tiempo parcial. En tercer lugar, no se ponen medidas para la subida de los salarios.

Lo que queda claro es que todos aciertan en el titular: hay que derogar la Reforma Laboral. No obstante, aún no empezaron a redactar el artículo o lo tienen oculto en espera de ver los resultados de las negociaciones. Este hecho es un error porque en España los programas electorales son el papel higiénico de la política, se usan en los días de la campaña electoral para, una vez alcanzado el poder, tirarlo y gobernar sin un plan fijo dando la espalda a los ciudadanos y olvidándose de las promesas hechas. Así llegó Rajoy a la Moncloa con un programa falso del que ha incumplido su práctica totalidad. La falta de escrúpulos del Partido Popular llevada a su máxima potencia. De ahí que las formaciones que han anunciado la derogación de la Reforma Laboral, sean nuevas o no, tienen la obligación de exponer a los ciudadanos sus compromisos más allá de lanzar titulares.

El PSOE de Pedro Sánchez: calladitos estáis más guapos

Es un hecho histórico que nadie puede discutir: cuando se implanta un régimen autoritario basado en el culto a la personalidad es habitual que los críticos sean purgados de una u otra manera. Ya sea con el destierro, ya sea con la cárcel, ya sea con la expulsión de la organización, lo que persiguen estos regímenes es, precisamente, callar a todos aquellos que se ponen en contra del líder supremo, a aquellos que discrepan en libertad, para, en primer lugar, cerrar cualquier vía de disidencia y, en segundo lugar, generar miedo en el resto de la organización. Todos tenemos en la cabeza ejemplos históricos de que eso es así. Ha ocurrido en España y en otros muchos lugares del mundo en todos los ámbitos ideológicos de esos regímenes. No citaré a ninguno en concreto para que no se hagan falsas interpretaciones o inútiles analogías a un mensaje que el autor no quiere lanzar.

El Partido Socialista Obrero Español ha sido una organización en la que la crítica interna fue, es y espero que siga siendo una de sus señas de identidad porque el respeto a la diversidad de opinión y a la libertad de uso de la misma. Sin embargo, desde que Pedro Sánchez es Secretario General las cosas han cambiado mucho, sobre todo en la base. Se marcó una estrategia en la que el culto a la personalidad y de su imagen era el centro sobre el que se asentaba todo. De cara a las elecciones que ha habido desde julio de 2014 todo estaba centrado en la imagen del Secretario General. Incluso se llegó a utilizar una pancarta de setenta metros cuadrados con una foto suya del mismo modo en que la CEDA hizo con Gil Robles en las elecciones de febrero de 1936. La estrategia en redes sociales estaba basada en la presencia constante de la cara de Sánchez en todos y cada uno de los actos de partido que hubiera, estuviera él presente o no, tal y como ocurrió en las andaluzas o en las municipales. En algunos casos se llegó al absurdo.

En la misma medida, desde Ferraz se comenzaron a ultimar estrategias en las que no se quería que existiera duda alguna sobre Sánchez. No se admitía la crítica o que los militantes, en su libertad de voto, eligieran a un cabeza de lista distinto al que estuviera más en consonancia con la Ejecutiva. Lo vimos con las intervenciones vergonzosas de federaciones y agrupaciones cuando la militancia eligió a listas no acordes con los intereses de Ferraz. Vitoria, Murcia, Ávila o Madrid son algunos ejemplos de ese intervencionismo más propio de un régimen autoritario que de un partido que siempre se caracterizó por la convivencia de distintos sectores y por la crítica interna lo cual es un ejemplo de democracia interna. Esta estrategia impositiva se vio reflejada en el juicio al candidato elegido por los militantes en primarias para encabezar la lista al ayuntamiento de Parla. En el juzgado los abogados de Ferraz no tuvieron reparo en afirmar que las primarias no eran más que una distracción para la base porque su decisión podía no ser respetada por los órganos del partido. Todo un ejemplo de democracia, como se puede ver.

Ahora estamos viendo cómo se ha dado un paso más. De cara al Congreso que se debería celebrar en el mes de mayo han comenzado a ejecutar expedientes de expulsión por el simple hecho de ser críticos con el Secretario General y con su estrategia. Pedro Sánchez no acepta la democrática discrepancia que debe haber en cualquier organización basada en la libertad como debería ser el PSOE. No son ni uno ni dos, son muchos más. En algunos casos se ha decidido tirar por la calle de en medio y con la excusa de la falta de liquidez se está despidiendo aplicando la Reforma Laboral de Mariano Rajoy a todos aquellos trabajadores/militantes que son críticos o que están cercanos a dirigentes locales, provinciales o regionales que no aceptan el modo en que se está gestionando el partido. De momento, sólo se están atreviendo con la base porque si lo hicieran con algún dirigente el escándalo sería mayúsculo y se descubriría a la opinión pública el autoritarismo con que funciona la actual Ejecutiva. Este comportamiento, estas purgas a quienes no acatan los principios marcados por Ferraz o no se pliegan a la adulación del líder, es, en parte, un modo de aplicar la estrategia del miedo tan común en los regímenes autoritarios: «si hablas, ya sabes» o «calladitos estáis mejor».

El PSOE de Pedro Sánchez se está convirtiendo en un partido que no respeta la crítica interna y, por tanto, desprecia el funcionamiento democrático basado en la libertad de expresión. La gente debe saber que se está purgando a militantes por el mero hecho de disentir con la Ejecutiva. ¿Hasta dónde llegará?

Socialdemocracia descolocada. Llegó la hora del socialismo

Que los tiempos cambian es una obviedad de tal calibre que casi es innecesario mencionarlo. Sin embargo, esos cambios pueden ser a mejor o a peor, pueden afectar de una manera o de otra a personas, instituciones u organizaciones. Eso es lo que le está ocurriendo a la socialdemocracia europea y, sobre todo, al PSOE.

El tan atacado capitalismo también tuvo su lado humano, aunque no lo crean. Fueron los años en los que en Europa, tras el desastre de la II Guerra Mundial, se llegó al acuerdo tácito de implantar un Estado del Bienestar donde parte de los beneficios de ese capitalismo estuviera destinado a dar a los ciudadanos una sanidad universal, una educación pública y unos derechos sobre los que se asentara la dignidad mínima de las personas. Una gran parte de la responsabilidad de esa implantación del Estado Social fue de los partidos socialistas o socialdemócratas europeos. Cada país lo implementó dentro de sus posibilidades. Evidentemente, en España, donde gobernaba uno de los dictadores más despiadados de la Historia de la Humanidad, hubo que esperar a que Franco muriera para que los españoles pudieran disfrutar de esos derechos contenidos en la Declaración de Derechos Humanos de la ONU. Y fue el Partido Socialista el que, tras alcanzar el poder en 1982, llevó a efecto lo que declaraba la Constitución de 1978 como derechos inalienables de los españoles.

Había circunstancias que hacían que ese Estado del Bienestar se nutriera de los beneficio del capitalismo, del mismo modo en que la socialdemocracia era fundamental en el desarrollo democrático y social de las naciones. Por un lado había que contraponer una sociedad basada en las libertades a las dictaduras de corte estalinista. Por otro lado el propio capitalismo precisaba generar un bienestar que aumentara el consumo y la producción, lo que incrementaría los beneficios. Era un sistema basado en un círculo donde a mayor consumo, mayor producción, lo que generaría un mayor beneficio que se invertiría, a través de la imposición fiscal, en mejorar el Estado del Bienestar. Hay economistas y politólogos que achacan a la caída del Muro de Berlín y de los regímenes estalinistas la ruptura de ese equilibrio y la conversión de ese capitalismo productivo en un sistema especulativo salvaje donde lo único que se valora es el beneficio neto, por encima de lo que sea. Si a esto le unimos la llegada al poder de formaciones políticas que basan su ideología económica en el neoliberalismo y que tienen como ejemplo de gobierno a personajes tan siniestros como Ronald Reagan, George Bush o Margaret Thatcher y que no creen en el Estado del Bienestar, tenemos un cóctel molotov lanzado directamente hacia los derechos fundamentales de la ciudadanía.

Los poderes económicos, los mercados y sus aliados políticos han logrado imponer su visión mercantilista. Ahora no prima la política, sino la economía, la especulación y la rentabilidad, cosa que es incompatible con el respeto a la dignidad y los derechos de las personas, sobre todo la búsqueda de rentabilidad en las cuentas de los Estados. De ahí que lancen constantemente el mensaje de que el Estado del Bienestar es muy caro y que es mejor que lo gestionen entes privados.

Este cambio del sistema capitalista ha descolocado totalmente a la socialdemocracia europea y al socialismo español. Hasta ahora, los partidos socialistas o socialdemócratas eran el garante de la estabilidad de los Estados y del respeto por los Derechos Humanos. Los gobiernos socialistas garantizaban que el Estado del Bienestar que ellos habían implementado en sus respectivos países no se iba a destruir frente a las oleadas destructoras de la derecha. No es casual que la calidad del Estado Social siempre baja cuando gobiernan los partidos democratacristianos, liberales, neoliberales, conservadores o neofascistas y que, una vez que pierden el poder, los socialdemócratas tienen que reconstruir lo que se ha destruido en base a intereses económicos e ideológicos.

La crisis actual ha hecho que la ciudadanía despierte y reclame lo que desde los mercados y los partidos conservadores les quieren arrebatar, lo que les corresponde por derecho. La pérdida de calidad en los servicios básicos o la eliminación de algunos en base a recortar el gasto público para que sea rentable han dejado totalmente descolocado y fuera de lugar a los partidos socialistas y socialdemócratas. El hecho de haber ocupado responsabilidades de poder provoca que sean muchas las voces que les culpa de la situación actual. En parte con razón, pero la mayor parte de las acusaciones recibidas son injustas o interesadas por aquellos que se arrogan ser la voz del pueblo sin haber siquiera explicado qué quieren hacer.

La socialdemocracia, tal y como la conocíamos hasta ahora, ha fracasado porque no se ha sabido adaptar a los nuevos tiempos del sistema capitalista. Los intentos de reciclarse han sido fallidos y trajeron más daño que beneficio. Personajes como Toni Blair o Manuel Valls son dañinos para el socialismo. El hecho de haber tenido responsabilidades de gobierno también provoca que las estrategias se vayan acercando más al centro político que hacia la izquierda. Tampoco ayuda mucho que los socialdemócratas alemanes pactaran con una de las responsables de la situación actual, sobre todo en el sur de Europa, para formar gobierno. Tampoco ayuda mucho que Manuel Valls haya propuesto una reforma laboral en Francia inspirada en la que tanto sufrimiento ha generado en España. Tampoco ayuda que Matteo Renzi haya aprobado una ley de uniones civiles en Italia totalmente descafeinada de sus planteamientos iniciales. Tampoco ayuda que Pedro Sánchez pacte primero con un partido conservador y con planteamientos económicos neoliberales en aras de una transversalidad que fue duramente criticada cuando fue adoptada por otros partidos antes que forzar pactos con el resto de fuerzas progresistas.

Ante la situación actual, ante este nuevo capitalismo basado en las ganancias rápidas, el enriquecimiento particular y la especulación salvaje por encima de todo, el camino que tienen que tomar los actuales partidos socialdemócratas y socialistas es el de la vuelta a los orígenes, la vuelta al socialismo, el retorno a la izquierda que jamás debieron dejar, independientemente de que hayan tenido o no responsabilidades de gobierno. Que el socialismo regrese a sus orígenes no quiere decir que haya que radicalizar el discurso o acercarse a las quimeras y leyendas en las que muchos recién llegados basan su discurso político. Es simple, el socialismo es priorizar las necesidades del pueblo por encima de todo y las propuestas y programas deben ir orientados hacia ello, por mucho que también haya que tener en cuenta las necesidades de los poderosos. Haber tenido ocasión de gobernar —cosa que otros no pueden decir por mucho que se presenten ante los ciudadanos como los poseedores del maná o del secreto de la inmortalidad— hace que los socialistas puedan aplicar el verdadero socialismo sin discriminar a las élites, tal y como plantean los mesías, siendo justos con todos y haciendo entender que la mejor inversión se encuentra en esa justicia social para todos, tanto para «los de abajo» y como para «los de arriba».

Si la socialdemocracia ha fracasado y el socialismo es la única solución para terminar con la injusticia y la dictadura económica de los mercados, ¿por qué el PSOE se sigue empeñando en continuar dentro del camino del fracaso? ¿Por qué Pedro Sánchez se empeña en no aplicar un programa verdaderamente socialista arropado por el resto de las fuerzas progresistas elegidas por la ciudadanía el 20 de diciembre? ¿Por qué somos socialistas los fines de semana y firmamos con la derecha un pacto absurdo que no hace más que alimentar la falsa sentencia del PSOE es un partido de derechas? Todas estas dudas vienen de que a día de hoy no sé si el Secretario General del PSOE es carne o pescado. No me genera confianza quien dice hoy que con el PP no hay nada que pactar pero que se presentó en La Moncloa para ser protagonista de una de las fotos más vergonzosas de la historia de la democracia española. No me genera confianza quien en plena campaña electoral tildó a Albert Rivera y a su partido de «marca blanca del PP» y ahora tiene que ir de su mano incluso al cuarto de baño. No me genera confianza quien para reafirmar su liderazgo da pequeños golpes de estado en las federaciones territoriales de la mano de un secretario de organización que es un claro defensor de la división como medio para afirmar el liderazgo. ¿Qué camino seguirá Pedro Sánchez, el correcto o el fácil? El correcto es reafirmar el mensaje socialista puro, sin metiches socialdemócratas; seguir la línea marcada por Jeremy Corbin, por poner un ejemplo. El fácil es seguir con ese socialismo de «la puntita nada más», ese socialismo de bandazos que algunos como Valls o Renzi han dado en llamar «socialismo pragmático» que no es otra cosa que transmutarse en una especie de factoría del neoliberalismo. ¿Qué hará Pedro Sánchez, qué camino seguirá después de haber sido rechazado en su investidura? Esa es la pregunta pero la respuesta está flotando por nuestras cabezas y todos sabemos cuál será después de su apuesta clara por la transversalidad, es decir, lograr ser Presidente de un Gobierno sin vincularse directamente con ninguna ideología preconcebida, es decir, traicionando los principios fundamentales y el Programa Máximo del partido al que representa.

El miedo y los derechos ciudadanos

Es preciso que los hombres dejen de ser fanáticos para merecer la tolerancia.

Voltaire

Los terribles atentados que ha sufrido la ciudad de Bruselas vuelven a sacar a la luz el debate sobre las consecuencias del terrorismo internacional, sobre qué hacer contra el fanatismo de unos pocos que no toleran las diferencias entre los hombres. El problema es que las medidas que se toman siempre van en contra de los derechos de los ciudadanos y, estarán de acuerdo conmigo, esa es la primera victoria de los asesinos. Bruselas, Madrid, Nueva York, Londres o París son algunas de las ciudades occidentales que han sufrido el azote de organizaciones terroristas yihadistas. Antes era Al-Qaeda, ahora es Estado Islámico. Da igual el nombre, las consecuencias son las mismas: muerte, dolor, miedo y restricción de derechos en aras de una mayor seguridad. Como pueden comprobar, esos cuatro términos son el éxito de los fanáticos.

Es normal que la gente se atemorice cuando sufre en su ciudad o en su país un ataque terrorista despiadado como los ocurridos en las ciudades citadas anteriormente. Como se suele decir, el miedo es libre. Sin embargo, lo que no es muy normal es que a ese temor natural comience por parte de las autoridades la implantación de la doctrina del miedo con la colaboración de los principales medios de comunicación. Este hecho lo vimos en Estados Unidos tras los atentados del World Trade Center. Recordarán los lectores cómo unió al impacto sufrido por los norteamericanos por los aviones estrellados en las Torres Gemelas y en el Pentágono una campaña de amedrentamiento total con constantes amenazas de ataques biológicos, con subidas y bajadas de los niveles de alerta nacional, que tenían dos fines: por un lado, buscar la coartada para que la Administración Bush pudiera llevar a cabo la estrategia bélica contra Iraq; por otro lado, tener la excusa para reducir los derechos civiles de sus propios ciudadanos porque, de ese modo, estarían más seguros. Hagamos una pequeña remembranza de lo que ocurrió en los meses posteriores al 11-S. Apenas mes y medio después de los atentados del 11 de septiembre, el gobierno de George W. Bush promulgó la USA Patriot Act, una ley que ampliaba la capacidad de control ciudadano del Estado con el fin de frenar la amenaza terrorista y dar a las diferentes agencias de seguridad e inteligencia norteamericanas más poder de vigilancia y acción. Esto confrontaba con las libertades de los americanos que tenían que elegir entre su seguridad y sus derechos constitucionales. A pesar de que la USA Patriot Act tuvo un respaldo mayoritario en las dos cámaras legislativas, muchos sectores de la sociedad norteamericana criticaron la Ley Antiterrorista, lo que aprovecharon los medios mamporreros del Partido Republicano para acusarles de favorecer a los terroristas por defender los derechos humanos y las libertades civiles. ¿Les suena este discurso? ¿Les suena esta reacción de los medios?

Sin embargo, una de las mayores irresponsabilidades que puede cometer un gobierno cuyo país ha sido golpeado por un atentado terrorista como el del pasado martes es poner más miedo sobre el miedo, generar un estado de terror que justifique las medidas tomadas. Manuel Valls, un personaje tétrico que se esconde en el socialismo a pesar de ser un político que nada le tendría que envidiar a Mariano Rajoy o a Margaret Thatcher en su conservadurismo, hizo eso al hablar de riesgo de ataques bacteriológicos en Francia tras los atentados de noviembre. Exactamente igual que hizo Bush con las alarmas de ántrax después del 11-S. Lanzar constantes alertas a los ciudadanos lo único que hace es generar desconfianza y atemorizar a la población y, de paso, que estos acepten como normal la derogación sus derechos en aras de la seguridad. ¿Es que el derecho de reunión, manifestación o de reunión son peligrosas y atentan contra la sociedad? ¿Prohibir manifestaciones está pensado para proteger a quienes acudan a esas concentraciones o para evitar que el pueblo salga a la calle? ¿Por qué Francia no tomó esas medidas en enero de 2015 cuando se atentó contra la población judía o contra los trabajadores de Charlie Hebdo? Da la sensación de que aquellos que ocupan el poder no saben compatibilizar la libertad democrática con el hecho de garantizar la seguridad de los ciudadanos. Parece que quieran dar a entender que los dos conceptos son antitéticos, cuando, en realidad, no es así, sino todo lo contrario.

La seguridad de los ciudadanos se logra a través del trabajo incansable de las fuerzas del orden y de los servicios de inteligencia (civil o militar) de los países. Ante la amenaza yihadista es fundamental que todas y cada una de las agencias se coordinen y compartan toda la información que sea necesaria, incluso la que pudiera ser sensible para su seguridad nacional. Todo el mundo es consciente de que contra este tipo de terrorismo es muy complicado luchar porque es complejo controlar a elementos individuales. Sin embargo, si a esta complejidad le añadimos la descoordinación entre los diferentes países tanto a nivel de acción policial como de agencias de inteligencia, lo que se logra es precisamente lo que los terroristas quieren: la total impunidad en sus acciones y tener demasiados campos libres para actuar. Esa coordinación entre los distintos Estados es lo que da seguridad a los ciudadanos, no la derogación de sus derechos.

La seguridad de los ciudadanos no tiene nada que ver con el mantenimiento o la restricción de sus derechos. Un líder débil o un líder conservador utilizarán siempre el miedo como arma para poder retirar derechos a la ciudadanía, derechos que, evidentemente, son incómodos para el poder. No se trata de garantizar la seguridad de esos hombres y mujeres sino de otra cosa: se trata de tener la capacidad de mantener ciertos compromisos adquiridos con otros estamentos más poderosos, quizá, que los propios gobiernos. Por eso en cuanto hay una crisis provocada por un atentado terrorista lo primero que se tiene es la tentación de restringir derechos lo cual es una irresponsabilidad a pesar de que se quiera disfrazar de lo contrario. De ahí que el miedo sea fundamental porque cuando alguien está atemorizado hace lo que sea para volver a sentirse seguro, incluso renunciar a sus derechos. Esperemos que en esta ocasión el gobierno belga no caiga en la tentación en que cayeron otros y respete a sus ciudadanos.

¿Libertad de culto o democracia dislocada?

Todos los años, cuando llegan las fechas de la Semana Santa, se abre el mismo debate: ¿es lícito que en un país aconfesional se produzcan escenificaciones de la tradición de una religión? ¿Las Administraciones Públicas respetan la Ley al subvencionar a Cofradías y Asociaciones? ¿Hay que prohibir las procesiones de Semana Santa? Aprovecharemos que el debate sobre la laicidad o aconfesionalidad está tan presente en estas fechas para hacer un repaso de la realidad en lo referente a las confesiones religiosas en España. ¿Realmente estamos ante una libertad de culto efectiva o la preponderancia de una confesión sobre el resto provoca que nuestra democracia esté incompleta?

La Constitución de 1978 «garantiza la libertad ideológica, religiosa y de culto de los individuos y las comunidades sin más limitación, en sus manifestaciones, que la necesaria para el mantenimiento del orden público protegido por la ley ». De igual modo se declara la «aconfesionalidad» del Estado, al reconocer que «ninguna confesión tendrá carácter estatal ». Sin embargo, ya existe una contradicción en la propia redacción del artículo 16.3 al afirmar que «los poderes públicos tendrán en cuenta las creencias religiosas de la sociedad españolas y mantendrán las consiguientes relaciones con la Iglesia Católica y las demás confesiones». Si la propia Constitución determina que España es un Estado aconfesional, ¿por qué se cita expresamente a una confesión en concreto? ¿Por qué se pone por encima de las demás confesiones a la católica?

Es un hecho que España es un país mayoritariamente católico. Sin embargo, no es un país que se podría denominar católico, ya que la mayoría de miembros de esta confesión viene determinada por el número de bautizos y no por el número de practicantes activos. El hecho de que en nuestra Constitución se dé esa preponderancia a este culto viene determinada por la situación sociopolítica de 1978. La Iglesia Católica aún tenía mucho poder y mucha influencia y el camino hacia la laicidad del Estado no podía ser directa. Apenas había pasado un mes desde la aprobación de la Constitución que señalaba la aconfesionalidad del Estado español y se hizo público el nuevo Concordato entre el Reino de España y el Vaticano. Este nuevo marco de relación entre los dos Estados llevaba negociándose, al margen de cualquier escenario democrático, desde el año 1976 por políticos católicos muy vinculados al Opus Dei y a la Asociación Católica Nacional de Propagandistas. Este hecho debe provocar el rechazo de los demócratas ya que dicho acuerdo se negoció al margen de cualquier órgano democrático y, sobre todo, al margen de la Constitución que se aprobó en 1978, texto que señala la aconfesionalidad del Reino de España mientras que el Concordato lo que genera es una especie de «confesionalidad encubierta» del Estado. El Concordato de 1979 es una de las mayores hipotecas que tiene nuestro país respecto a su desarrollo económico.

Hay aspectos del Concordato de 1979 que son continuistas respecto a los privilegios de la Iglesia Católica reconocidos en los Acuerdos entre España y el Estado Vaticano de 1953, privilegios que Franco dio sin pestañear con el único fin de tener el respaldo internacional de la Santa Sede. A la Iglesia se le reconoce su personalidad jurídica civil y su plena capacidad de obrar; se garantiza la inviolabilidad de los lugares de culto y la imposibilidad de su demolición sin ser desacralizados; según el Concordato serán inviolables todos los archivos, registros y documentos de titularidad eclesiástica; a la Iglesia se le garantiza la impunidad a la hora de publicar y comunicarse, lo que provoca declaraciones de obispos comparando a la comunidad gay con cerdos o libros financiados por obispados que proclaman la sumisión de la mujer al hombre. El Concordato garantiza también la presencia y la asistencia católica en lugares públicos. También se permite que se iguale en carácter civil al matrimonio canónico, eso sí, siendo sólo la Iglesia la que tiene la capacidad de disolver dicho matrimonio canónico.

A nivel económico, los privilegios de la Iglesia Católica son casi obscenos. La institución religiosa está exenta de pagar impuestos como el IRPF y sobre el consumo (IVA). Tampoco pagan ningún tipo de impuesto urbano de los edificios de su propiedad, incluidas las residencias de sacerdotes, locales de oficinas, conventos, seminarios y edificios de culto. A la Iglesia Católica se la excluye del pago real de impuestos sobre renta y patrimonio, privilegio al que se une la total exención del impuesto de donaciones y sucesiones, siendo deducibles en el Impuesto sobre la Renta de las Personas Físicas todos los bienes donados a la Iglesia. El Concordato establece un periodo de tres años para que la financiación de la Iglesia se haga a través de la declaración voluntaria por el IRPF. Sin embargo, veintidós años tras la finalización de ese periodo la Iglesia se sigue financiando vía Presupuestos Generales del Estado, gracias a eufemismos como el «pago a cuenta» de lo que el Estado debe entregar por el IRPF. Se calcula que anualmente la Iglesia Católica percibe de los PGE una cantidad superior a los 10.000 millones de euros. Sin embargo, el déficit entre lo que la Iglesia recibe y lo que da supone miles de millones de euros, lo que provoca una deuda que nadie reclama, por lo que España sigue incumpliendo los criterios de convergencia exigidos desde la Unión Europea.

El Concordato también otorga privilegios en el ámbito educativo. Esta es una de las mayores hipotecas que tiene un Estado democrático como España, una hipoteca que va en contra de los propios principios señalados en el artículo 16 de la Constitución. El Reino de España está obligado por el Concordato a que toda la educación impartida en los centros públicos sea respetuosa con los valores cristianos. A esto se añade la obligación de impartir en la enseñanza primaria y secundaria la asignatura de religión católica, equiparándola a otras disciplinas como las matemáticas, la física, la literatura o la historia, es decir, que la Iglesia impuso que la enseñanza de sus creencias fuera equiparada a la ciencia o a la historia. A pesar de que no es una asignatura obligatoria y que se da una opción alternativa, es sintomática la imposición por parte de la Iglesia de su catecumenado en la educación pública y que el Estado está obligado a su impartición. Los profesores de religión católica son elegidos por la autoridad académica pero sólo del grupo de candidatos elegidos por el Ordinario Diocesano. Son miembros de pleno derecho de los claustros de profesorado. Los contenidos lectivos son impuestos por la jerarquía, cosa que parece lógica, pero lo que no lo es tanto es que se permita en centros públicos o concertados la celebración de ceremonias religiosas u otras actividades complementarias.

El Concordato entre la Iglesia Católica y el Estado es un acuerdo internacional que va en contra de la Constitución y es contrario al propio régimen democrático, como lo es la propia institución eclesiástica. No es de recibo que todos los españoles, seamos o no católicos, financiemos a la Iglesia Católica, que mantengamos con dinero público los edificios de la Iglesia, edificios que no pagan el Impuesto de Bienes Inmuebles y cuyo uso y disfrute es sólo para la Iglesia. Tampoco es constitucional que en los actos públicos estén presentes símbolos de la religión católica, que en las tomas de posesión de los cargos públicos estén presentes los Evangelios y el crucifijo, que en muchos colegios e institutos públicos o concertados las aulas estén presididas por un crucificado o una virgen.

La situación de la Iglesia Católica debe ser claramente modificada en la tan necesaria reforma de la Constitución. En primer lugar, la propia Carta Magna debe ir más allá en su exposición sobre los mecanismos de libertad religiosa y dejarse de eufemismos como la «aconfensionalidad» del Estado para llamar las cosas por su nombre y declarar a España como un Estado laico, donde no haya ninguna confesión religiosa que esté por encima de las demás.

En segundo lugar, el Concordato debe ser derogado de manera unilateral por el Estado español ya que la propia existencia del mismo es anticonstitucional. La Iglesia Católica debe tener el mismo tratamiento que cualquier otra confesión religiosa o que cualquier persona física o jurídica. La Iglesia debe aportar al Estado lo que le corresponda a nivel de impuestos. En este punto, la Conferencia Episcopal siempre defiende que la institución pone encima de la mesa su labor social. En parte es cierto, pero, en general, es una falacia, ya que las asociaciones, congregaciones u ONG's dependientes de la Iglesia que están dedicadas a la atención a los más necesitados apenas perciben un 7% de los más de 10.000 millones de euros que el Estado les aporta. La Iglesia debe autofinanciarse, como hacen otras confesiones. Hablamos de esos 10.000 millones anuales, pero a esta cantidad hay que sumar lo que dejan de pagar por los impuestos de los que está exenta.

En una democracia madura no es de recibo que, en virtud de unos acuerdos entre Estados negociados antes de la aprobación de la Constitución que proclama la libertad religiosa y la aconfesionalidad del Estado, se continúe utilizando las aulas de la educación pública para adoctrinar a los alumnos en las creencias católicas, cosa que hasta hace poco no se permitía al resto de confesiones religiosas. Para cubrir las espaldas a la Iglesia el Estado español firmó acuerdos con otras religiones para poder adoctrinar en las aulas. En un país democrático la doctrina religiosa o las enseñanzas de dichas creencias deben ser desterradas de las aulas estatales y, en el caso de España, también de aquellos centros concertados, ya que, lo contrario, va en contra de la Constitución y de la laicidad propia de cualquier sistema que se base en la igualdad entre todos. ¿Hay que desterrar la religión de la educación pública? Evidentemente, no, pero desde un punto de vista diferente y con un enfoque que no priorice a una confesión sobre las demás. Los alumnos deben conocer el hecho religioso, pero no ser adoctrinados. No es lo mismo enseñar un panorama y un estudio pormenorizado de todas las religiones a aleccionar sobre una en concreto. La enseñanza de la religión católica y del resto de confesiones debe realizarse en sus propios templos y no en las escuelas públicas o concertadas que reciben dinero del Estado, dinero de todos los españoles, sean creyentes o no, sean practicantes o no.

En tercer lugar, debe desterrarse de las instalaciones públicas cualquier elemento referente a una confesión en concreto. En lo referido a la religión católica, disponen de capillas en cuarteles, universidades, hospitales, etc. En instituciones del Estado, como el Ejército, tienen privilegios que los separan del resto. ¿Por qué un capellán castrense tiene el rango y el salario de un oficial pudiendo, además, ascender en la escala? ¿Por qué hay capellanes en las universidades? ¿Por qué en las Fuerzas Armadas no hay rabinos, pastores o imanes? ¿Por qué no hay sinagogas, mezquitas o templos en las instalaciones públicas? Esa es la desigualdad de la que hablamos y por la que hay que sacar del ámbito público todo lo religioso, sea en la institución que sea, gobierne quien gobierne.

Una democracia no puede tolerar que la religión invada con su simbología o su culto aspectos que deberían ser totalmente asépticos en materia religiosa. No es tolerable que actos de Estado, como funerales, por ejemplo, culminen en una ceremonia religiosa. En los casos de las exequias de personajes que hayan tenido importancia dentro de la Historia de España y que tengan el honor de ser homenajeados a través de un funeral de Estado lo verdaderamente democrático es que dicho homenaje se celebre a través de una ceremonia laica y, posteriormente, si dicha persona es católica, celebrar la ceremonia religiosa en la más estricta intimidad familiar. Algo similar ocurre con las juras de cargos de Gobierno. ¿Por qué en un país «aconfesional» aún se jura la Constitución ante un crucifijo y los Evangelios, del mismo modo en que se hacía durante el franquismo? Esta presencia de la simbología católica es contraria a la propia Constitución ya que da preponderancia a una confesión concreta sobre las demás. Este hecho debe ser derogado y la toma de posesión de cargos públicos ha de realizarse sólo ante el texto constitucional, sin más parafernalia católica. Recordemos lo que ocurría durante el franquismo tomando como ejemplo la proclamación de Juan Carlos de Borbón como Jefe de Estado. En aquel acto el Rey juró ante los Evangelios las Leyes Fundamentales y los Principios del Movimiento Nacional. Tras la Transición, tras la aprobación de una Constitución que determina la «aconfesionalidad» de España, los cargos del Gobierno —Presidente, Ministros, Secretarios de Estado, etc.—, siguen jurando o prometiendo «cumplir y hacer cumplir la Constitución» con un crucifijo y ante los Evangelios. Esto es inconstitucional, puesto que dar preferencia a la confesión católica va contra el principio de igualdad del propio texto que están diciendo que van a cumplir y a hacer cumplir. Llevándolo al extremo podríamos afirmar que lo que provoca la presencia de esa simbología religiosa está provocando que nuestros cargos públicos hayan accedido a sus puestos a través del perjurio. El nuevo Jefe de Estado tuvo un gesto cabal en este aspecto al no colocar ningún símbolo religioso ni celebrar ceremonia religiosa alguna durante los actos de su proclamación.

En conclusión, España es un país donde la libertad religiosa se practica. No se prohíbe a ninguna confesión que practique sus ritos. Sin embargo, hay una preponderancia de la Iglesia Católica sobre las demás por el alto número de privilegios de los que disfruta dicha institución gracias al Concordato. Para regenerar nuestro sistema democrático dichos Acuerdos entre España y el Vaticano deben ser derogados unilateralmente por el Estado español, eliminando todos los privilegios de los que disfruta a nivel económico, a nivel educativo o a nivel de presencia en las instituciones de la Administración. En segundo lugar, la propia Constitución debe avanzar hacia la declaración del Reino de España como un país laico. En tercer lugar, todo lo referido a la enseñanza de las doctrinas religiosas debe quedar dentro del ámbito de sus centros de culto o edificios destinados a tal fin.

Cualquier otra cosa será contraria al propio concepto de la democracia e incumplir el principio de igualdad. Otra cosa es el respeto a las tradiciones. Yo no soy partidario de que se prohíba la Semana Santa pero sí que debe quedar claro que ninguna Institución del Estado, ninguna Administración Pública, debe financiar, subvencionar o participar de dichos actos tradicionales a título de representación institucional. No es muy democrático que unidades de las Fuerzas Armadas sean partícipes como tales de una tradición católica. No es muy democrático que los representantes del pueblo soberano presidan actividades de la tradición católica. No es muy democrático que Administraciones Públicas subvencionen actividades católicas en detrimento de otras festividades o de otras tradiciones del resto de cultos que se practican en nuestro país. El hecho de que se esté haciendo es una perversión del espíritu democrático de este país. El Estado y los ciudadanos deben respetar el hecho religioso, sus respectivos cultos pero, jamás, financiarlos.

Los caminos de Pedro Sánchez: el digno, el indigno y el suyo

Los hechos demuestran que la trayectoria política de Pedro Sánchez ha estado marcada por el fracaso desde que accedió legítimamente a la Secretaría General del Partido Socialista. En todas y cada una de las citas electorales que se han producido desde el mes de julio de 2014 el PSOE ha ido perdiendo el apoyo de la ciudadanía hasta llegar al ridículo resultado del 20D, un resultado que él definió como «resultado histórico» en una rueda de prensa eufórica. En esa ocasión la frase era acertada en su significado pero no en el significado que Pedro Sánchez le quiso dar ya que el Partido Socialista Obrero Español había cosechado los peores resultados desde la reinstauración de la democracia en España algo que, efectivamente, pasará a la historia. Repasemos algunos datos que dan una idea de los constantes fracasos de Sánchez al frente del PSOE. En las Elecciones Municipales el Partido Socialista obtuvo 5.603.112 votos, es decir, 1,2 millones de votos menos que en 2011 y 2,2 menos que en 2007.

En las Autonómicas se recuperó poder gracias a los pactos con las fuerzas progresistas, es cierto, pero se perdieron votantes. En las Generales del 20 de diciembre Pedro Sánchez obtuvo 90 escaños con una pérdida de 1,5 millones de votos respecto a 2011 (todo un éxito, como se puede ver, al superar el suelo que marcó Rubalcaba) y de 4,8 millones respecto a 2008. El PSOE sólo ganó las elecciones en Andalucía pero no por el mérito de su Secretario General sino por la personalidad política de Susana Díaz y porque Pedro Sánchez sólo apareció por tierras andaluzas para abrir la campaña y cuando se dio cuenta de que Díaz le estaba ganando por la mano en popularidad. En Ferraz se llegó incluso al ridículo de «photoshopear» los carteles de campaña haciendo aparecer junto a Susana Díaz a Pedro Sánchez. Habrá quien diga que la bajada del número de votantes está provocada por la aparición de nuevos partidos que le han quitado apoyos. Este es un discurso de autocomplacencia superficial porque ante las nuevas formaciones lo que había que haber hecho era presentar un proyecto de clara orientación socialista dejando de lado las morrallas socialdemócratas.

Ante esta situación de desprestigio, ante este desapego de la ciudadanía respecto del proyecto socialista, una situación que se viene arrastrando desde que Zapatero no dio el paso que tuvo que dar en 2010 y convocar elecciones, Pedro Sánchez ha podido tomar dos caminos a la hora de intentar formar gobierno: la digna o la indigna. En cambio, ha hecho lo que hace siempre: abrir una vereda nueva, la suya.

Con los resultados electorales en la mano, con tan sólo 90 diputados, Pedro Sánchez podía haber cogido el camino digno y la misma noche del 20 de diciembre tendría que haber presentado su dimisión como Secretario General y haber convocado un proceso de elección por primarias y Congreso Extraordinario, tal y como hicieron en su momento Almunia tras el batacazo del año 2000 o Rubalcaba tras el desastre de las Elecciones Europeas. No lo hizo porque había una posibilidad de formar Gobierno siempre y cuando Felipe de Borbón le propusiera como candidato a la investidura. Este hecho se produjo tras la huida de Mariano Rajoy y en ese momento Pedro Sánchez tuvo que haber tomado la senda digna que la nueva situación exigía: llegar a un acuerdo de gobierno con las fuerzas de la izquierda y pactar con Ciudadanos su abstención y en la sesión de investidura. Una vez alcanzada la Presidencia llegar a acuerdos con el nuevo partido neoliberal para garantizar la gobernabilidad. De este modo no incumpliría el mandato del Comité Federal de dejar de lado a todos aquellos partidos que pusieran en cuestión la unidad del Estado.

Por otro lado, también podía haber cogido el camino indigno, es decir, la Gran Coalición con el Partido Popular y Ciudadanos, tal y como pretendían los poderes fácticos que hiciera, tal y como pretendían ciertos líderes retirados que hiciera, líderes que piensan más en sus admiraciones por la socialdemocracia alemana o sueca que en la verdadera situación de la ciudadanía.

Sin embargo, Pedro Sánchez siempre tiene una prioridad sobre todas las demás. Esa prioridad se llama Pedro Sánchez. Por eso ha tomado un camino propio, el camino de Pedro Sánchez. Todos los días que han pasado desde que Felipe de Borbón le propuso como candidato a la investidura han sido días perdidos por la falta de audacia política del Secretario General del PSOE porque ganaba tiempo de cara al movimiento interno. Cuantos más días pasaran, más días en los que no se tendría que enfrentar a un más que probable relevo en la Secretaría General ya que los posibles candidatos tienen una mayor talla política que él y, desde luego, un carisma que jamás podrá alcanzar. Esa es una de las razones por las que a día de hoy no tenemos gobierno y por las que Rajoy sigue en la Moncloa. Hay que tener en cuenta que Pedro Sánchez, a día de hoy, es un okupa de la Secretaría General del PSOE ya que su mandato finalizaba en febrero, fecha en la que se debería haber celebrado un Congreso Ordinario donde, tras el proceso de primarias correspondiente, se elegiría un nuevo Secretario General. Para evitar esto e intentar reforzar su deteriorada situación interna, Pedro Sánchez ha hecho lo imposible para retrasar ese Congreso. Lo logró para que no se interpusiera en las negociaciones para formar gobierno y lo trasladó al mes de mayo. Como ha fracasado también en esas negociaciones, ha movido los hilos para aplazarlo al otoño.

Para mejorar el disparate se dio cuenta de que llegar a acuerdos con los partidos de la izquierda, tal y como se hizo en las Comunidades Autónomas gobernadas por el PSOE, iba a ser demasiado complicado para un político mediocre. Las exigencias de los otros partidos, muchas de ellas de una irresponsabilidad mayúscula, hacían que se intensificaran las negociaciones para poder presentarse ante la sesión de investidura con un pacto progresista como el portugués. No forzó la negociación ante la pasividad de Podemos y tiró por el camino fácil: presentar un pacto con la derecha neoliberal en un acuerdo vergonzoso en el que no es que se haya cedido en aspectos que para un socialista deberían ser irrenunciables, sino que claudicó de un modo humillante ante Ciudadanos. Por mucho que se quiera vender como un buen acuerdo lo que firmó Pedro Sánchez con Albert Rivera no fue otra cosa que una hipoteca que nos aboca a todos los españoles a unas nuevas elecciones ya que cierra cualquier tipo de acuerdo con los aliados naturales del PSOE. Sin embargo, el hecho de que se vaya acercando la fecha en que Felipe de Borbón tendrá que disolver las Cortes y no haya gobierno le favorece a Pedro Sánchez desde el punto de vista interno. Es lógico que Podemos no quiera estar en un gobierno con Ciudadanos y viceversa. Lo que no es tan lógico es que Pedro Sánchez firmara ese acuerdo con la derecha neoliberal, con sus adversarios políticos, como tampoco es lógico que aceptara la candidatura del Jefe del Estado sin tener ningún pacto cerrado ni, como él se jacta de decir y sus palmeros de repetir como loros, para que corriera el «reloj de la democracia». Una vez que fracasó en la investidura, una vez que ese pacto quedaba vacío, debió centrarse en retomar las negociaciones con los partidos de la izquierda sin ningún tipo de imposición. Pero él hizo lo contrario y se llevó a Rivera a todos los sitios, lo que paralizaba aún más la situación porque nadie que se llame progresista quiere tocar ni con un palo todo lo que tenga que ver con el conservadurismo político ni con el liberalismo económico.

Cuando abres un camino nuevo te encuentras con dificultades y caminar se hace más complicado. Ese es el camino de Pedro Sánchez para sobrevivir políticamente, un camino lleno de obstáculos, de malas hierbas y de zarzales, un camino que sólo tiene un final: nuevas elecciones y, en caso de que eso ocurra, el único responsable será Pedro Sánchez por haber elegido una senda en la que se alargaba el tiempo para que se alargara su vida política.

Le tendieron una trampa y entró sonriendo

El pacto entre el PSOE de Pedro Sánchez y Ciudadanos es, desde la estrategia política, uno de los mayores errores que un partido ha cometido en toda la historia de nuestra democracia. Sí, la realidad nos dicta que es así y que, por muchas vueltas que se le quiera dar, por mucho envoltorio de papel de regalo que se le quiera poner, es la primera piedra del camino que nos lleva inexorablemente hacia unas nuevas elecciones. Del mismo modo en que el agua y el aceite no se pueden mezclar por mucho que se intente, intentar aunar dos ideologías que defienden (o deberían defender) aspectos totalmente opuestos es muy complicado. Habrá quien diga que la democracia es eso: llegar a acuerdos que parecían imposibles. Habrá quien ponga como ejemplo de ello lo que ocurrió en la Transición cuando personas tan diferentes como Adolfo Suárez, Manuel Fraga, Felipe González o Santiago Carrillo se pusieron de acuerdo, cosa que es cierta pero que olvida que lo que se pactó en aquellos años fueron pactos de

Estado y no pactos de gobierno porque nunca hubo necesidad de ello. Habrá quien afirme que en la situación política actual, desconocida hasta la fecha, todos deben ser flexibles en sus planteamientos para alcanzar acuerdos, olvidándose de que una cosa es ceder y otra claudicar.

Tanto la derecha como los poderes fácticos en España no quedaron satisfechos ante los resultados electorales, ante lo que el pueblo español decidió con su voto el veinte de diciembre. Desde el día siguiente a las elecciones hemos visto cómo desde la banca, el empresariado, la Iglesia o desde los partidos de la derecha se han lanzado mensajes con el único fin de mantener al Partido Popular en el poder gracias a la «Gran Coalición» con el Partido Socialista e incluyendo en esta operación a Ciudadanos, el nuevo partido que representa los valores del neoliberalismo económico que les favorece. La negativa del PSOE a entrar en ese juego les hizo plantearse una nueva estrategia, un nuevo planteamiento que llevara al país a una paralización total de las negociaciones y, de ese modo, impedir que se creara un gobierno progresista y de cambio, un gobierno que desterrara definitivamente las políticas que benefician a unos pocos y que generan una mayor desigualdad con el pueblo.

Ese nuevo planteamiento pasaba por aprovecharse de la necesidad de Pedro Sánchez de alcanzar la Presidencia de Gobierno como único modo de seguir vivo políticamente. Mariano Rajoy declinó la oferta del Jefe del Estado para presentarse como candidato a la investidura. Felipe de Borbón le hizo esa misma oferta a Pedro Sánchez y éste la aceptó. Este fue un error capital porque aceptar la candidatura sin tener un acuerdo cerrado con el resto de las fuerzas de la izquierda contando sólo con los «históricos» noventa escaños fue de una irresponsabilidad inigualable. Pedro Sánchez debió hacer lo mismo que hizo Rajoy y esperar a tener un pacto cerrado para presentárselo al Jefe del Estado y que éste le nominara. Su necesidad y su interés personal le hicieron errar de esta manera. En el periodo de casi un mes que transcurrió hasta la Sesión de Investidura no forzó la negociación viendo la actitud irresponsable de Podemos que contrastaba con la de Izquierda Unida – Unidad Popular o la de Compromís. No lo hizo porque a él le beneficiaba que corriera el tiempo para contener las detracciones internas y para poner a la militancia como barrera frente a los dirigentes críticos (que son muchos) al plantear una consulta que enfrentara a las bases, teóricamente más progresistas, con los líderes regionales. Esa consulta estaba pensada para que la militancia avalara un pacto con Podemos del que muchos recelaban. No obstante Pedro Sánchez se vio con que se le acababa el tiempo por lo que tuvo que centrarse en intentar cerrar un pacto con quien fuera para no verse obligado a presentarse a la investidura sólo con sus «históricos» noventa escaños. Por eso firmó un acuerdo con Ciudadanos, la nueva marca de la derecha neoliberal europea, la marca en España del Tea Party, acuerdo en el que hizo tantas cesiones y que desvirtuó de tal manera el programa electoral que más de cinco millones de personas apoyaron el veinte de diciembre que supuso una claudicación en toda regla ante los nuevos conservadores. Pedro Sánchez firmaba un pacto con el diablo y caía en la trampa de los poderes fácticos. Eso sí, con una sonrisa y con toda la solemnidad posible.

La investidura fue un fracaso. En ese mismo instante debería haber olvidado lo firmado y centrarse en retomar las negociaciones con Podemos y el resto de fuerzas progresistas. En cambio hizo todo lo contrario. Pedro Sánchez se enrocó con Albert Rivera imponiendo a las demás fuerzas que cualquier pacto de gobierno debería estar bajo lo firmado con Ciudadanos. El resto de partidos, evidentemente, se negaron a esa condición. Y así estamos hasta hoy en que se ha anunciado que el próximo jueves se producirá una reunión PSOE-Podemos-Ciudadanos. Mientras en el Partido Socialista se dice con mucho bombo, platillo, clarines y tambores que no se levantarán de la mesa hasta que se cierre un acuerdo que permita a Pedro Sánchez ser Presidente del Gobierno y sobrevivir políticamente, Albert Rivera ha dejado claro que Ciudadanos se levantará de la mesa de negociación si Podemos no se une de manera incondicional al «pacto de la vergüenza» entre su partido y el PSOE. Utiliza la misma técnica del Partido Popular que sólo acepta el consenso si a los actores a los que se invita a sumarse a ese consenso se embarcan sin cuestionar nada de lo suscrito. Evidentemente, esto nos lleva a unas elecciones salvo que Pedro Sánchez abandone la defensa del «mestizaje ideológico», del «gobierno parlamentario» o de la «transversalidad» y se centre en lo que se debió centrar desde el día veintiuno de diciembre. Por otro lado, estamos viendo cómo Rivera no hace más que insistir en la necesidad de que el pacto necesario para España es el de PSOE-PP-C's, es decir, el mismo que solicitan los poderes fácticos.

El pacto de Ciudadanos con el Partido Socialista es la mayor trampa política que se ha visto en España desde la Transición. Lo que la derecha pretendía con ese pacto era ganar tiempo para generar hartazgo en los españoles, hartazgo que se traduciría en una mayor abstención en las elecciones de junio, una abstención que siempre beneficia a la derecha. Lo que realmente se busca es que se repitan los comicios para que finalmente la suma de escaños del Partido Popular y Ciudadanos den una mayoría suficiente para gobernar y para seguir bajo el yugo del neoliberalismo, de la austeridad, de los recortes y para terminar la destrucción del Estado del Bienestar que inició Rajoy en 2012. Pedro Sánchez cayó en esa trampa que los poderes fácticos le tendieron al firmar el pacto con Rivera sonriendo y creyéndose un estadista. Estamos a menos de veinte días para que se cierre el plazo para que el Jefe del Estado disuelva las Cortes y lo que se ha encontrado el Secretario General del PSOE es un portazo por parte de su socio de acuerdo, una puñalada que todos los que hemos criticado el «pacto de la vergüenza» esperábamos que llegaría tarde o temprano, que le deja dos opciones: elecciones o cerrar la vía de un verdadero pacto de cambio y progreso. El jueves tendremos respuestas a muchas preguntas y, por el bien de todos, esperemos que se dé cuenta del error cometido y retorne a la cordura.

Elecciones 26-J: y el culpable es...

Estos fueron los resultados de las Elecciones Generales del veinte de diciembre:

VOTOS POR PARTIDOS EN TOTAL ESPAÑA			
PARTIDO	ESCAÑOS	VOTOS	
PP	123	7215530	28.72 %
PSOE	90	5530693	22.01 %
PODEMOS	69	5189333	20.66 %
C's	40	3500446	13.93 %
ERC-CATSI	9	599289	2.39 %
DL	8	565501	2.25 %
PNV	6	301585	1.2 %
UNIDAD POPULAR EN COMÚN	2	923105	3.67 %
EH Bildu	2	218467	0.87 %
CCa-PNC	1	81750	0.33 %
PACMA	0	219181	0.87 %
UPYD	0	153498	0.61 %

Como se puede comprobar, y como todos ustedes saben, hubo cuatro fuerzas políticas que se convirtieron en necesarias para lograr la gobernabilidad en el escenario extremadamente polarizado que los españoles decidieron con sus votos. Adolfo Suárez, cuando fue designado

Presidente de Gobierno por Juan Carlos de Borbón, dijo en su primera intervención televisiva que los gobernantes lo tenían que ser con el permiso de los gobernados, es decir, que aquellos que fueran elegidos por quien es depositario de la soberanía nacional, el pueblo, estarían obligados a aceptar el mandato de las urnas. Hasta ahora la clase política lo ha tenido fácil porque los resultados electorales determinaron mayorías amplias para los dos ejes tradicionales de la política. Sin embargo, los ciudadanos decidieron y mandaron un mensaje claro a la clase política: había que conformar un gobierno basado en la negociación y el consenso. Además, los resultados determinaban que quien consiguiera formar gobierno tendría que romper los ejes tradicionales para llegar a acuerdos con partidos que de ideología opuesta porque los números eran muy claros y el pueblo había decidido que ninguno de esos ejes pudiera sustituir una mayoría absoluta de un solo partido por otra de dos o más.

Este fue el mandato que los españoles le dieron a la clase política. Se trataba de una oportunidad que ésta no podía desaprovechar porque la crisis económica había logrado que el interés por la política alcanzara cotas no vistas en España desde los primeros años de la Transición o desde los años que siguieron al intento de golpe de Estado hasta octubre de 1.982. Hasta ahora los españoles pasaban mucho de lo que hicieran los políticos y acataban con resignación todo lo que saliera del Parlamento. El hecho de que hubiera un repunte del interés es un capital que la clase política no podía despreciar, salvo que exista un interés para que la ciudadanía vuelva a la atonía porque sea incómodo que el pueblo esté pendiente de lo que se hace en las altas esferas del Estado. Por otro lado, el espectáculo al que estamos asistiendo desde el veintiuno de diciembre es lamentable, por muchas razones pero, sobre todo, porque el hecho de que se tengan que repetir las elecciones porque no se haya conseguido un acuerdo lógico es un claro ejemplo de que la clase política no ha entendido nada de lo que está ocurriendo, es un ejemplo de que las prioridades de los partidos son antitéticas a las de la ciudadanía. El estado en que Mariano Rajoy y el Partido Popular han dejado al país obligaba a las formaciones políticas a llegar a acuerdos que revirtieran la situación, que se gobernara de cara al pueblo y no a sus espaldas. No obstante, no lo han hecho y han antepuesto sus intereses personales y de partido a lo que el pueblo está reclamando. Si finalmente se repiten las Elecciones Generales, los españoles estaremos asistiendo a una de las disfunciones democráticas más graves de nuestra historia: los políticos renuncian a cumplir con el mandato que su jefe, el pueblo español, les ha dado por anteponer sus propios intereses y por ser una panda de incapaces para llegar a acuerdos. Ahora estamos en el debate de quién es el culpable para utilizarlo como argumento electoral. Mi opinión es que todos tienen parte de culpa, unos más que otros.

Mariano Rajoy y el Partido Popular son culpables por su inacción, por seguir la táctica del «dontancredismo» que tanto utiliza el Presidente del PP y que, hasta ahora, tan bien le ha salido. Han dejado que el resto se desgaste en su intento de llegar a acuerdos y han esperado a que los que han tomado la iniciativa se estrellen por tomar decisiones equivocadas. La cobardía demostrada por Rajoy al rechazar su investidura y su insistencia en que sólo él tiene la legitimidad para ser Presidente del Gobierno es de una irresponsabilidad supina. Los resultados de las elecciones le impedían gobernar con mayoría absoluta, ni siquiera con el apoyo de su filial C's, y el PP sólo sabe ejercer las responsabilidades de gobierno si puede imponer su voluntad, tal y como ha hecho cada vez que ha tenido mayoría absoluta. Por tanto, su culpabilidad es por incomparecencia y por estar pensando en la repetición de las elecciones con tal de que el desgaste del resto se traduzca en la recuperación del capital electoral perdido.

Pedro Sánchez y el Partido Socialista Obrero Español son culpables por varias razones. En primer lugar, por irresponsabilidad. Fue un error táctico presentarse ante el Jefe del Estado como el único que podría lograr un acuerdo entre partidos cuando, en realidad, ni siquiera había iniciado ningún tipo de negociación. Pedro Sánchez le dijo a Felipe de Borbón que él podría conformar una mayoría sólida y el Jefe del Estado se lo creyó. El Secretario General del PSOE pensó en lograr un acuerdo como el portugués pero no sabía cómo iban a responder el resto de partidos ni las condiciones que le iban a poner, sobre todo cuando sus aliados naturales tenían una representación en votos casi igual que la suya. En segundo lugar, por utilizar este tiempo para capear el temporal interno tras haber cosechado los peores resultados de la historia del Partido Socialista. Sí, y por mucho que quienes se han convertido en pretorianos de Pedro Sánchez piensen que ha actuado de manera correcta, el Secretario General del PSOE sabía que el único modo en que su figura podría sobrevivir a un nuevo fracaso electoral era mantenerse en la vanguardia de la negociación porque, de este modo, pararía cualquier movimiento interno que provocara que lo que tuvo que hacer la misma noche de las elecciones por las buenas se hiciera «por las bravas». En tercer lugar, por haber firmado un acuerdo antinatural por su incapacidad para cerrar pactos con el resto de partidos progresistas. El hecho de que se tuviera que presentar ante el Parlamento sólo con sus «históricos» noventa diputados hubiera sido uno de los mayores ridículos de nuestra democracia. Por eso firmó con Ciudadanos, «la marca blanca del PP», las «Nuevas Generaciones del PP» o «el partido de FAES y el IBEX35», un pacto que significaba una claudicación de elementos que para cualquier socialista serían irrenunciables y, por otro lado, una cesión a la doctrina neoliberal en aspectos como la no derogación de la Reforma Laboral, de la Ley Mordaza o de los copagos sanitarios, por citar algunas. La firma de este pacto ya imposibilitaba cualquier acuerdo futuro con el resto de partidos progresistas y, por tanto, paralizaba las negociaciones. Pedro Sánchez, tras no ser investido Presidente, debió darse cuenta de que con ese acuerdo no iba a lograr configurar un gobierno encabezado. Sin embargo, hizo todo lo contrario y se aferró a él pretendiendo que el resto se unieran al pacto con C's. Este hecho bloquea totalmente cualquier tipo de negociación con el resto de partidos, sobre todo con quien tienen apenas trescientos mil votos menos que el PSOE. Por tanto, Pedro Sánchez también tiene una importante responsabilidad en la repetición de los comicios por mucho que aparente que es el único que ha querido el pacto.

Pablo Manuel Iglesias y Podemos también tienen una importante cuota de culpabilidad en la más que posible repetición de las elecciones. En un primer momento ni siquiera quisieron sentarse a negociar con el PSOE y cuando lo quisieron hacer pusieron unas condiciones para la negociación que sabían que eran inasumibles para Pedro Sánchez. Ya iba quedando claro que la intención de Podemos estaba en entorpecer la negociación. Esta actitud obstruccionista se hizo más clara cuando se le quiso imponer al PSOE la entrada en el gobierno ocupando los ministerios y las instituciones más importantes del Estado dejando a los socialistas como meros comparsas. Así no se puede negociar nada. Imponer condiciones es antitético con el consenso que los resultados electorales ponían como tarea a los políticos. Daba la sensación de que el objetivo de Pablo Manuel Iglesias era el bloqueo de la situación para provocar que los socialistas fracasaran en sus intentos de llegar a un pacto de gobierno y, de este modo, aparecer como la única solución de izquierda posible, es decir, que lo que se pretendía era repetir las elecciones para hacerse con la hegemonía de la izquierda. Sin embargo, tras la sesión de investidura y el fracaso de Pedro Sánchez su táctica obstruccionista se volvió en su contra y los sondeos, tanto de la prensa como los suyos, les daban a entender que no era tan buena idea oponerse a todo e imponer su programa frente al de los demás en la negociación. Parecía que la actitud cambiaba y que tendían la mano a Pedro Sánchez para formar un gobierno con el resto de fuerzas progresistas. Sin embargo, la actitud de aquél de aferramiento irresponsable al acuerdo con Ciudadanos ponía las cosas muy difíciles porque los puntos en los que Podemos estaba dispuesto a ceder seguían siendo incompatibles con los neoliberales. Iglesias está secuestrado por los compromisos a los que llegó con las confluencias, sobre todo con la catalana, y, tras haber roto su promesa de que En Comù tendría un grupo parlamentario propio, no puede bajarse del carro del referéndum de autodeterminación. Ante esta situación volvieron a la actitud obstruccionista en la reunión a tres al entregar un documento con sus propuestas y parar la negociación sin escuchar lo que los otros interlocutores tenían que decir al respecto. Sin desdeñar la responsabilidad de los otros dos partidos, esta forma de actuar nos lleva irremediablemente a unos nuevos comicios.

Respecto a Albert Rivera y Ciudadanos también tienen una responsabilidad importante en que el veintiséis de junio los españoles tengamos que acudir de nuevo a las urnas. Es bastante sintomático que la cuarta fuerza política en votos y escaños sea quien está condicionando las negociaciones hasta el punto de bloquearlas. Por mucho que lo quiera ocultar, Rivera es un político de derechas y, por lo tanto, tiene tics autoritarios a la hora de acercarse a las actitudes consensuales. La negociación para cualquier miembro de la derecha es la de imponer sus valores, cediendo en lo menos importante y hacer claudicar a sus interlocutores en aspectos que deberían ser irrenunciables para éstos haciéndolo pasar por consenso. Lo vimos en el acuerdo con Pedro Sánchez. Rivera se aprovechó de la imperiosa necesidad del Secretario General del PSOE para presentarse en el Congreso con más apoyos de sus «históricos» noventa escaños y le impuso un pacto que, como ya hemos dicho antes, es una claudicación por parte del Partido Socialista mientras que Ciudadanos sólo cedía en puntos que no afectaban de manera definitiva a sus postulados neoliberales. Por otro lado, aprovechó la extrema necesidad de supervivencia política de Sánchez para utilizar ese acuerdo como un anestésico para las tentaciones que pudieran tener los socialistas de acercarse a Podemos o a otras fuerzas de la izquierda. Por tanto, utilizó el acuerdo como presa para bloquear las negociaciones hacia los partidos progresistas para intentar llevar al PSOE hacia la Gran Coalición con el Partido Popular, es decir, lo que los poderes económicos, financieros, empresariales y religiosos demandaron desde el día después de las generales. Su oposición a que se llegue a cualquier acuerdo con Podemos es fundamental para que se repitan. Su actitud obstruccionista, similar a la de Iglesias, haciendo del pacto con el PSOE un «trágala» para el resto de fuerzas que quieran apoyar a este gobierno es un claro mensaje de que Ciudadanos quiere la repetición de los comicios porque las encuestas dan buenas perspectivas para que la derecha se mantenga en el poder con un pacto de los dos partidos conservadores.

Ante esta situación, ¿quién es el culpable?, ¿quién tiene razón al culpar al otro? Yo no sé ustedes, pero pienso que la clase política no ha sabido o no ha querido cumplir con el mandato de los ciudadanos y eso es muy grave. Por tanto, en el caso de que repitan las elecciones queda claro que ninguno de los actores que han protagonizado estos meses de idas y venidas y que han fracasado por las razones expuestas en el artículo puede repetir como cabeza de lista porque su fracaso les inhabilita de cara a los españoles. ¿Qué opinan ustedes?

«Recovery» PSOE

Existe más socialismo fuera del partido que dentro
Felipe González Márquez en el XXVI Congreso de Suresnes

El crecimiento comienza cuando comenzamos a aceptar nuestras propias
debilidades
Jean Venier

Es un hecho que el Partido Socialista Obrero Español necesita una revisión total porque va camino de la extinción. Por mucho que muchos buenos militantes socialistas se echen las manos a la cabeza ante una afirmación tan contundente, la realidad demuestra que es así. En estos días nos encontramos en una época pre-electoral y los resultados previstos para el PSOE son peores que los obtenidos en la «noche histórica» del veinte de diciembre, es decir, que es bastante probable que se vuelva a romper el suelo cosa que tiene su mérito teniendo en cuenta que en el 20D el candidato socialista no consiguió siquiera superar los cien escaños. Como bien dijo Pedro Sánchez en su vergonzosa rueda de prensa en Ferraz «se había hecho historia». Fuentes de diferentes empresas demoscópicas han confirmado a este autor que el veintiséis de junio es bastante probable que el

PSOE se quede por debajo de los setenta diputados por las muestras recogidas en las últimas semanas. Ante este tétrico panorama, ¿qué debe hacer el PSOE para sobrevivir? ¿Qué medidas deben tomar los socialistas para remontar el vuelo?

La frase de Felipe González que encabeza el artículo fue pronunciada por Felipe González en un momento en que el Partido Socialista era un verdadero desconocido para los españoles, un momento en que la hegemonía de la izquierda parecía que se encontraba en las filas del Partido Comunista. En ese discurso, el recién elegido Secretario General del PSOE, hacía una dura crítica a la deriva interna que podría llevar a su desaparición o a su insignificancia en el panorama político por el que había que luchar tras la muerte de Franco. Cuarenta y dos años después de que González fuera tan crudo en su discurso de Suresnes nos encontramos en una situación similar y que requiere un cambio urgente y radical, un formateo o un «recovery». En el tiempo que transcurrió desde el XXV Congreso (Toulouse 1972) al XXVI Congreso (Suresnes 1974) el PSOE puso las bases para cambiar el partido y adecuarlo a la realidad, para transformar la visión victimista del socialismo en el exilio en una visión de partido que era fundamental para el futuro democrático de España y no una reminiscencia del Partido Socialista Italiano de los '70.

El hecho de que el PSOE haya sido el partido político español que más años ha ocupado el poder ha traído una consecuencia gravísima para una organización que se define como «una **organización política de la clase trabajadora** y de los hombres y mujeres que luchan contra todo tipo de explotación, aspirando a transformar la sociedad para convertirla en una sociedad libre, igualitaria, solidaria y en paz que lucha por el progreso de los pueblos». El poder anestesia a los partidos de la izquierda. Es un hecho que podemos comprobar en las trayectorias de los distintos partidos socialistas/socialdemócratas. La permanencia en el poder ha provocado la separación de la realidad del pueblo. La ciudadanía no perdona que esto ocurra. El poder genera este alejamiento porque los dirigentes están diariamente en contacto con las élites políticas, económicas o empresariales y escuchan sus demandas. Finalmente las asumen en aras de una falsa responsabilidad. Por eso los ciudadanos se han sentido traicionados por el PSOE, tanto en las etapas de González como en los dos años finales de la segunda legislatura de Zapatero. Hay un hecho, que es anecdótico, que refleja esa separación entre los dirigentes socialistas que han tenido responsabilidades de gobierno y la ciudadanía: la presencia de escoltas que los separan del contacto humano, que impiden que esos dirigentes miren a los ojos a los ciudadanos y escuchen sus demandas. Sin embargo, las élites tienen acceso directo. Es cierto que el PSOE fue quien afianzó e implementó el Estado del Bienestar tras su primera victoria en 1982. El problema es que esos logros no pueden convertirse en un mantra para intentar ganarse la confianza de la ciudadanía porque esa ciudadanía considera ese Estado del Bienestar como patrimonio propio y no como patrimonio curricular de un partido concreto. Por tanto, haber permanecido veintidós años en el poder ha llevado a perder las esencias del socialismo español y a traicionarlas, en aras de esa falsa responsabilidad de gobierno o de Estado.

Por otro lado, en estos años de democracia se ha querido transformar al Partido Socialista en una especie de sucursal de la socialdemocracia alemana sin darse cuenta de que las realidades sociopolíticas de los dos países hacen imposible que esta evolución sea efectiva. Este es uno de los errores más graves que cometió Felipe González mientras estuvo en la vida pública (de los que ha cometido y comete en la actualidad es mejor no mencionarlos porque están haciendo mucho daño). Hay que partir de la base de que los conceptos ideológicos que defienden el socialismo y la socialdemocracia son incompatibles por mucho que en sus postulados teóricos tengan algún aspecto común. En España la socialdemocracia está vista como una especie de sucedáneo más progresista de la derecha, una especie de cómplice. De ahí el mantra «PPSOE». A esto no ayuda mucho la posición de los partidos socialdemócratas europeos en su funcionamiento en las instituciones europeas y su alineación en «aras de la responsabilidad» con el Grupo Popular en un porcentaje demasiado elevado de las medidas que se toman allí y que tanto dolor han generado en los pueblos del sur de Europa. Un ejemplo claro de ello lo tenemos en la pérdida de influencia de la Internacional Socialista.

Otra consecuencia de ese escoramiento hacia la socialdemocracia es presentar un mensaje que no conecta con la ciudadanía y que genera en ésta una desconfianza hacia todo lo que representa el Partido Socialista. Los ciudadanos esperan del PSOE la valentía de presentarse ante ellos como la única organización que puede darles lo que necesitan por encima de lo que sea. A día de hoy esto parece una quimera porque hay demasiadas hipotecas del pasado, hay demasiados personajes que impiden que la obra llegue a un final en que el público se levante de sus butacas. Eso sólo se consigue recuperando lo que se perdió con ese viaje absurdo hacia la socialdemocracia, hacia la tercera vía o hacia ese «socialismo pragmático» representado por hombres tan nocivos como Manuel Valls o Matteo Renzi. Virar por esa senda es una traición a la historia, a la ideología y a la clase trabajadora. Por eso la ciudadanía está abandonando la confianza que depositó años atrás en el Partido Socialista para irse a otras opciones o para desengancharse de la política.

El hecho de que la socialdemocracia europea no haya sabido adaptar su mensaje a la realidad mundial en la que se está imponiendo por goleada la teoría neoliberal en la que la política queda ahogada por las necesidades económicas de los poderosos tampoco ayuda porque, por desgracia, el PSOE no se ha sabido desenganchar de esa tendencia tan peligrosa.

En España el Partido Socialista ha ido dando bandazos que le ha separado de los ciudadanos y esa confianza sólo se puede recuperar con un formateo total del partido. Hay quien lo llama refundación. El nombre que le demos es lo de menos lo que importa es el fondo de la cuestión. Nuestro país necesita un PSOE fuerte que sea quien capte la confianza de la clase trabajadora y, por desgracia, en la actualidad no lo es.

En primer lugar, el PSOE debe buscar a un líder fuerte, a un líder que despierte ilusión, no en la militancia, sino en los ciudadanos. Ahora mismo no lo tiene porque su Secretario General demuestra su debilidad en su incoherencia y de su priorización de sus intereses personales a los del colectivo y la ciudadanía. Un ejemplo que es lapidario: en el mes de noviembre afirmó que no pactaría con la derecha y apenas tres meses después firmaba un pacto con Ciudadanos, el partido que representa al neoliberalismo más salvaje, el *Tea Party* en versión española. No es normal que el Partido Socialista siga manteniendo a un líder que no ha hecho más que cosechar fracasos desde que accedió a la Secretaría General y que ha llevado a conseguir el peor resultado histórico en unas elecciones generales. Las cifras no engañan:

1. Votos desde que el PSOE es partido de gobierno:

Año	Votos
1982	10.127.392
1986	8.901.718
1989	8.115.568
1993	9.150.083
1996	9.425.678
2000	7.918.752
2004	11.026.163
2008	11.289.335
2011	7.003.511
2015	5.530.779

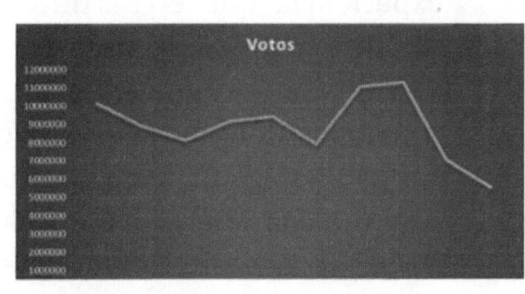

2. Escaños desde que el PSOE es partidos de gobierno

Año	Escaños
1982	202
1986	184
1989	175
1993	159
1996	141
2000	125
2004	164
2008	169
2011	110
2015	90

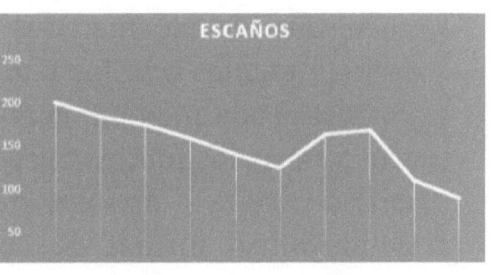

Los datos son palmarios y no tienen excusa posible. Habrá quien diga que la situación política es diferente, lo que es cierto. Habrá quien diga que han aparecido otros partidos que le restan votos, lo que es cierto pero con matices. Si se presenta un proyecto que ilusione y que capte al electorado frente a las medidas irrealizables que precisamente esos partidos presentan a los ciudadanos y que les ilusionan. No estoy diciendo que el PSOE se comporte como Podemos y ofrezca soluciones que no se pueden realizar. Sin embargo, la experiencia que el Partido Socialista atesora debería ser suficiente como para poder presentar un proyecto que ilusione a quienes abandonaron el barco tras las traiciones del pasado. ¿Cómo presentar ese proyecto? En primer lugar, haciendo lo contrario a lo que se ha hecho hasta ahora. Uno de los errores que cometió el PSOE en las anteriores generales fue el ofrecer a los ciudadanos un programa electoral al que faltaba concreción. Tenía titulares muy atractivos pero su contenido estaba lleno de incoherencias derivadas de su falta de concreción. Por eso el PSOE debe presentar a los españoles un proyecto socialista donde todas y cada una de las medidas responda a las preguntas fundamentales que los ciudadanos demandan: en qué consiste cada medida, cuánto va a costar, de dónde se van a sacar los fondos necesarios para llevarla a efecto, cuándo se va a implementar y, sobre todo, un compromiso formal de cumplimiento. Ante esto es fundamental la presentación de un calendario de obligado cumplimiento del programa electoral. Así se ilusionará a la ciudadanía y se recuperará parte de lo perdido.

Por otro lado, el PSOE debe tener un proyecto que ilusione a la ciudadanía, del mismo modo en que se hizo en los años '70 con el reseteo de Toulouse-Suresnes. Existe un concepto en informática por el que los dispositivos se ponen en el mismo estado en el que salieron de fábrica: «recovery». Eso es lo que tiene que hacer el Partido Socialista, volver a sus orígenes, dejar de lado la intoxicación socialdemócrata y no caer en las tentaciones de ese pragmatismo promocionado por los poderes económicos, políticos y empresariales. Hay un hecho que debería hacer reflexionar y que es significativo de cara a la necesidad de ese formateo: el abandono del electorado joven. La edad media de la militancia del PSOE es muy elevada, es decir, que no se está cautivando a los nuevos votantes. Es así y tenemos ejemplos de partidos socialistas que tuvieron los mismos problemas y que están remontando a través de la generación de ilusión utilizando como cimientos para presentar proyectos la esencia que jamás se debió abandonar. Se me viene a la cabeza el caso del Partido Laborista británico, un partido que fue masacrado por las aventuras de Toni Blair y que con la llegada de Jeremy Courbin está remontando. Esto en el Partido Socialista actual no es posible porque las personas que encabezan la generación del proyecto no son las adecuadas o son emboscados de los adversarios políticos naturales. ¿Cómo es posible que se caiga en el error de poner al frente del programa económico a alguien que dice ser socialista pero que defiende las teorías liberales? En una sociedad en que las decisiones políticas están tan condicionadas por la economía, la presencia de Jordi Sevilla es un error mayúsculo. Este es el ejemplo más significativo pero hay muchos más.

Cuando quieres vender un proyecto a alguien se tiene la tentación de intentar convencer. Eso es un error. Lo que hay que hacer es seducir a través de hacer ver que ese proyecto va a ser el que va a cubrir las necesidades del interlocutor. El actual PSOE no puede hacer eso porque ni convence ni seduce. Ya hemos hablado del cambio de liderazgo y del necesario cambio de rumbo ideológico en el proyecto. Sin embargo, eso no tiene validez si desde un punto de vista interno no se da ejemplo. En primer lugar, el PSOE debe darse cuenta de que no puede seguir manteniendo que el candidato o cabeza de lista sea el mismo que el Secretario General porque de ese modo, en el caso de llegar a gobernar, se está hipotecando la actividad de partido a las decisiones tomadas por ese gobierno, sean acertadas, sean equivocadas. El partido debe ser el primer censor de un posible Ejecutivo, debe ser quien se ponga a favor o en contra de medidas que vayan contra el ideario y ha de ser quien obligue a ese gobierno a cumplir el programa electoral en su visión más maximalista. En segundo lugar, el PSOE debe cambiar totalmente de dirigentes, debe presentar caras nuevas que transmitan a la ciudadanía cercanía. Cuando me refiero a un cambio de dirigentes lo hago pensando en personas que no hayan tenido ninguna responsabilidad de poder, que no hayan sido intoxicados por lo que cité anteriormente. En tercer lugar, el PSOE debe estar en la calle, debe acercarse a las personas. En los primeros meses de la Secretaría General de Pedro Sánchez se sacó al partido a la calle con las asambleas abiertas. Esa medida fue una gran medida y tuvo un resultado favorable en los sondeos. Sin embargo, la deriva del Secretario General y de su Secretario de Organización hacia un autoritarismo y un personalismo absurdo cerró una oportunidad de generar ilusión en la gente que no se entendía. En cuarto lugar, el PSOE no puede caer en la tentación de basar su estrategia política en la imagen del candidato, el que sea, porque eso es traicionar claramente las esencias fundamentales del partido. En quinto lugar, el PSOE debe tener mucha más democracia interna. En este punto, los socialistas dieron un ejemplo con las primarias en las que Pedro Sánchez fue elegido, un ejemplo que tiraron por tierra cuando se produjeron intervenciones de federaciones y agrupaciones en la precampaña de las municipales o cuando se afirmó que «las primarias son sólo una distracción para la militancia», dando a entender que la decisión de la militancia no es vinculante si no se adecúa a los intereses de los órganos rectores o del Secretario de Organización. Pedro Sánchez ha hecho creer a muchos que él es quien ha devuelto el partido a las bases. Eso es mentira. La elección por primarias y la posterior ratificación en los congresos vienen de la época de Rubalcaba. Pero de tanto repetirlo la mentira se ha convertido en el mantra de quienes apoyarán a Pedro Sánchez en todo lo que diga o haga. La democracia interna también viene por el respeto a las corrientes críticas y a quienes no siguen la línea oficial como corderos. No es normal que un partido que se considera democrático purgue a militantes de base o a pequeños dirigentes sólo por el hecho de que tengan una opinión distinta a la del Secretario de Organización o a la del Secretario General. Y eso, por mucho que digan algunos «pedristas» está ocurriendo actualmente.

Son muchos más aspectos los que determinan que el Partido Socialista Obrero Español debe empezar de cero, realizar un recovery para, desde ahí, volver a ilusionar a su electorado y a todos los militantes que abandonaron el proyecto actual socialista porque no les representaba. Hay tiempo si hay voluntad. ¿La habrá?

Razones sociopolíticas e históricas para la Reforma Constitucional

Los países evolucionan con el paso de los tiempos y sus leyes deben adecuarse a los nuevos tiempos porque esos cambios afectan directamente a la vida de los ciudadanos que se rigen por aquéllas en cualquier Estado de Derecho. España no es una excepción a este hecho y ha cambiado mucho desde los años de la Transición. Las necesidades de los españoles eran otras y las leyes eran otras. Sin embargo, en España cuesta mucho hacer cambios legislativos de calado y, cuando se hacen, suele ser porque vienen impuestos por instituciones externas.

Fue en el año 1978 cuando la Constitución Española fue aprobada, tras las duras negociaciones de aquellos que recibieron la tarea de su redacción, los que hoy llamamos «Padres de la Constitución», y, como todo lo que se aprobó en aquella época el trabajo se quedó a mitad del camino. La amenaza de los cuarteles si el proceso de descentralización del Estado se cerraba en un modelo federalista hizo que no se fuera más allá de las Comunidades Autónomas. Las presiones de la Iglesia Católica, que en aquellos años tenía mucho poder, hicieron que no se avanzara hacia la laicidad y nos quedamos en la figura de la aconfesionalidad. En artículos anteriores ya hablamos del sistema electoral y de los motivos por los que no se fue más allá. Lo mismo en lo referido a la Jefatura del Estado. España ya es un país donde la democracia ha madurado, donde no hay amenazas desde los cuarteles, donde la Iglesia apenas tiene peso y donde no hay aparatos pro-fascistas con poder. Es el momento de que se inicie un proceso constituyente para reformar nuestra Carta Magna y adecuarla a los tiempos que corren, porque, y esto es importante, dejar sin renovar la Constitución provoca que muchos ciudadanos tengan la sensación de que nuestra democracia está incompleta, que no es una democracia real.

En los últimos años hemos visto cómo la sociedad cambia casi minuto a minuto, avanza a una velocidad de crucero. Todo va muy deprisa y en multitud de ocasiones comprobamos como la política se queda atrás, cómo no sigue el ritmo de los cambios que se producen. A la democracia le ocurre lo mismo. Si esto se produce en pocos años, imaginemos lo que ha cambiado nuestro mundo desde el año 1978.

En aquellos años en los que los españoles aún nos estábamos despertando del mal sueño de la dictadura franquista, sólo existía un tipo de familia, la que se conformaba a través del matrimonio entre un hombre y una mujer, mujer que apenas se había incorporado al mercado laboral, ya que sólo un 27,5% trabajaba, una cifra muy baja si la comparamos con el más de 60% que actualmente lo hace fuera del hogar. La mujer tenía el trabajo en su casa, lo que se denominaba «sus labores», y el cuidado de los hijos. En este aspecto cada mujer tenía una media de tres hijos, mientras que en la actualidad apenas supera el hijo único. No se tenían reconocidos los derechos al aborto o no estaba aprobado el divorcio. Por supuesto, ni se planteaban las familias monoparentales o cónyuges del mismo sexo. En aquellos años las mujeres que tenían hijos sin estar casadas estaban estigmatizadas hasta tal punto que les robaban a sus bebés en los hospitales para venderlos a familias acomodadas que no tenían la posibilidad de tener descendencia.

Las relaciones laborales eran muy diferentes a las actuales. Se acababan de firmar los Pactos de la Moncloa y el mundo del trabajo estaba cambiando. En los primeros años de la Transición se podía comprobar que el nivel de incremento salarial estaba por encima del 15%, incluso en tiempos en los que la crisis del 73 aún tenía efectos sobre España, dado que, mientras que el resto de países occidentales habían rebajado el volumen de consumo de energía, la España tardofranquista aumentaba dicho consumo utilizando las reservas de oro del Banco de España para que los precios de los carburantes en la calle no reflejaran el precio real de los hidrocarburos. En 1978 el Salario Mínimo subió un 7,7%, lo que supuso una gran polémica. Los trabajadores recurrían a la huelga para lograr sus derechos laborales, para que sus salarios fueran dignos, para frenar a una clase empresarial que aún seguía manteniendo los modos autoritarios propios del siglo XIX y que el franquismo les blindó con la estructura del Sindicato Vertical. Los sindicatos tenían mucha fuerza, a pesar de que la afiliación sindical era pequeña, y movilizaban a la clase trabajadora. La tasa de desempleo era del 7,6%, lo que se veía como una catástrofe.

En 1978 aún existían bolsas de analfabetismo, con una tasa del 17% de la población que no sabían ni leer ni escribir. La educación pública no estaba reconocida como un derecho y la estructura educativa no llegaba a toda la población, sobre todo en el mundo rural. Por otro lado, la educación superior y universitaria suponía a las familias un desembolso que en muchos casos no se podía asumir. Este dato lo vemos en dos factores. El primero, en el orgullo familiar que suponía que alguno de sus hijos lograra el título de Bachiller. El segundo, en la tasa de universitarios. En la España de 1978 sólo medio millón de jóvenes con edades comprendidas entre 18 y 25 años cursaban estudios universitarios, un 10,6% del total. Sólo estudiaban en la universidad aquellos que se lo podían permitir, ya que no había apenas ayudas o becas estudiantiles. Si un joven español quería cursar estudios universitarios y no residía en la localidad donde se encontraba su facultad tenía un gasto enorme puesto que debía pagarse alojamiento o transporte privado, dado que aún no existían las redes de transporte público que existen actualmente. Este hecho alejaba a los hijos de las clases trabajadoras de fuera de las zonas urbanas de la educación universitaria.

En la España de 1978 se estaba sufriendo una actividad terrorista muy elevada. Existían varios grupos que asesinaban basándose en supuestas reivindicaciones políticas. La más activa era ETA. Sin embargo, había otras como GRAPO y FRAP que también asesinaban y secuestraban. Por otro lado, existían otras organizaciones que defendían la lucha armada pero que apenas tenían actividad. Estas organizaciones terroristas nacieron durante el franquismo como respuesta a la represión de la dictadura. Sin embargo, una vez lograda la implantación del sistema democrático continuaron con sus asesinatos, sus secuestros, su extorsión. ETA actuó hasta el año 2.011. Esta actividad terrorista condicionaba también a la actividad política de aquellos años. En principio los principales objetivos de estas bandas se hallaban en los miembros de las Fuerzas Armadas, de la Policía y de la Guardia Civil, en cualquiera de sus escalas, aunque la gran mayoría de las víctimas pertenecían a las estructuras más bajas, aunque también fueron asesinados oficiales tanto del Ejército como de las Fuerzas de Seguridad del Estado. En estos años los políticos no eran un objetivo principal, aunque también fueron víctimas de la actividad terrorista, lo mismo que los miembros del Poder Judicial. A medida que avanzaba la democracia se hacía más evidente que estas organizaciones terroristas no tenían cabida dentro de la sociedad española. Otras fuerzas en Europa con mayor actividad que las españolas fueron entregando las armas para trasladar su lucha y sus reivindicaciones al plano democrático. El caso más significativo lo tenemos en Irlanda del Norte, con la disolución del Ejército Republicano Irlandés (IRA) y su entrada en el arco político por medio del partido de Gerry Adams, el Sinn Féin. En España el proceso de desarme está tardando más de lo deseado. En el caso de ETA, la izquierda abertzale entró en política a través de formaciones como Herri Batasuna. Sin embargo, a diferencia de lo ocurrido en Irlanda del Norte, la formación independentista seguía apoyada por la actividad armada, lo que llevó a continuas ilegalizaciones que venían acompañadas de refundaciones.

A nivel político, en la España de 1978 aún existía un consenso entre las fuerzas políticas, un consenso propiciado por la voluntad de establecer de manera definitiva el sistema democrático que los españoles quisieron adoptar tras el referéndum de diciembre de 1976. Había un gobierno de centro-derecha que, a pesar de estar formado por hombres que provenían de Régimen franquista, tenía un espíritu negociador con el resto de fuerzas de la oposición con el fin de finalizar con la función que el propio Jefe del Estado les asignó: la creación y asentamiento del sistema democrático en España. La clase política tenía una alta valoración entre la ciudadanía porque las cabezas visibles se veían como los paladines que iban a luchar por las verdaderas necesidades del pueblo. Por otro lado se encontraban los nostálgicos del franquismo. A pesar de que habían perdido toda la representación en las Cortes, ya que en las Elecciones Generales de junio de 1977 los españoles decidieron que los partidos que se integraban en el Movimiento Nacional ya no fueran sus representantes. Sólo quedaba el residuo de la Alianza Popular de Manuel Fraga, donde se integraban antiguos ministros de Franco e, incluso, ex Presidentes de Gobierno. A estos partidos y a estos líderes se les había encomendado una misión: apuntalar el sistema democrático en la Constitución, una Carta Magna que fuera aprobada gracias al consenso y el acuerdo de todos y no por la imposición de quien ostentara el Gobierno como había ocurrido en pasados episodios de la Historia de España. Y así lo hicieron, redactando un texto constitucional inocuo, dejando muchos aspectos fundamentales a medio aplicar por la situación sociopolítica de la época.

La sociedad ha cambiado. Los españoles tienen otras necesidades muy diferentes de las que tenían en el año 1978. Han pasado más de 35 años y los ciudadanos precisan de una reforma en firme de la Constitución, ya que la no modificación de la misma lleva a un estancamiento o a una regresión del propio sistema democrático. Lo que aprobó en 1978 se ha quedado obsoleto y esa obsolescencia provoca que sean muchos los ciudadanos que se sienten desamparados por su propia Constitución. La falta de modificaciones o de reformas profundas durante estos 35 años ha inducido al propio sistema a un agotamiento total del mismo. La democracia española se alcanzó a través de un sistema modélico, pacífico y que ha sido ponderado por muchos otros países que han precisado de una transición desde un régimen totalitario. Sin embargo, no se ha reformado con el paso de los años.

Noemi, la *Leonessa*, viene a cantar a España

Tal vez el nombre Noemi no les suene a nada. Es posible que no hayan escuchado ninguna de sus canciones porque aún no ha entrado en los rígidos círculos del mercado discográfico español pero esta semana Verónica Scopelliti, que es el verdadero nombre de Noemi, actúa por primera vez en nuestro país y este hecho se trata de uno de los acontecimientos musicales más importantes de lo que va de año. En una semana en que el protagonismo está enfocado en uno de los más grandes, en Bruce Springsteen, no podemos pasar desapercibido que la cantante italiana cante en directo en nuestro país por primera vez.

Pero, ¿quién es Noemi? Personalmente, les diré que es una de las cantantes con mayor proyección internacional que he escuchado en los últimos tiempos. Comenzó su andadura musical como otros muchos a través de un talent show de la televisión italiana y a partir de ahí comenzó un ascenso imparable que le ha llevado a vender en menos de seis años más de medio millón de discos en el mercado italiano, hecho éste que es muy meritorio porque nuestro país vecino es un verdadero nido de artistas que tienen que competir en un espacio muy cerrado, al contrario de lo que ocurre en España donde tenemos a nuestros hermanos latinoamericanos donde poder expandir los éxitos. Lo mismo pasa al revés. Casualmente hay algo que es paradójico. Si hacemos un repaso de artistas italianos que han tenido un triunfo continuado a lo largo de los años, dejando de lado a los clásicos como Mina, Adriano Celentano, Domenico Modugno o Jimmy Fontana, por citar algunos, en la actualidad sólo tenemos a Laura Pausini o a Eros Ramazzotti como figuras de la música italiana y porque traducen sus éxitos a nuestro idioma. Hay pasos fugaces como Nek, Marco Mengoni, Tiziano Ferro o Gianluca Grignani, pero tenemos un desconocimiento total de lo que musicalmente se realiza en el «país de la bota». Actualmente hay una generación de jóvenes artistas que muchas veces te pone la piel de gallina cuando los escuchas: Arisa y su soul, Emma Marrone, Francesca Michielin, Malika, Dolcenera, Annalisa, Fragola, por no citar el importante movimiento de raperos como J-Ax, Fedez o Caparezza. Seguro que no les suena ningún nombre pero son fantásticos. Les recomiendo escucharlos.

Noemi es una cantante que destaca por tener una voz diferente y esa es su fortaleza, lo que la hace única. Su voz es negra a pesar de que su piel precisaría de una protección solar factor 70 para pasar un día en la playa. En sus dos primeros discos utilizó esa voz y esos registros diferentes para darles un toque blues a sus canciones y a las versiones de clásicos italianos. Temas como «Briciole», «Albachiara», «Il Cielo in una stanza» o «Stelle Appiccicate» son algunos ejemplos de esto. En su segundo disco Sulla mia pelle ya hay una evolución hacia el pop pero sin desdeñar sus influencias blues y R&B. En este álbum nos encontramos con temas como «L'amore si odia», cantado a dúo con Fiorella Manoia, «Tutto questo scorre» o «I sentimenti». RossoNoemi significa el primer paso hacia la madurez de la artista y el disco donde encontramos algunos de sus temas más importantes: «Vuoto a perdere», «Sono solo parole», «Sospesa», «Musa», «Fortunatamente» o «Poi inventi il modo». En este álbum vemos que una de sus temáticas fetiches está en las cosas reales, cosa que hace cada vez que escuchamos una de sus canciones nos sentimos como si nos cantara a nosotros porque lo que ella narra nos ha pasado en algún momento de nuestra vida. Un nuevo salto hacia la madurez lo da en su siguiente disco, Made in London, donde a todo lo anterior suma la influencia británica. Su música gana fuerza y delicadeza a la vez, lo que se comprueba con la variedad de estilos en canciones que nos hacen bailar, como «Don't get me wrong», o que nos hacen llorar como «Se tu fossi qui».

Este viaje artístico tiene su última etapa con su último disco: Cuore d'artista, un trabajo donde alcanza una madurez tanto a nivel musical como en las temáticas de sus canciones. A pesar de que ella misma ha declarado en varias ocasiones que no le gustan los artistas que van de políticos, los temas de este último disco están llenos de denuncia social. Canciones como «Amen», «Idealista!» o «La borsa di una donna» dan fe de ello. Este último tema es una obra maestra porque resume la realidad de la mujer de nuestro siglo en el contenido de su bolso. Este apoliticismo no significa que Noemi no esté preocupada por lo que ocurre a su alrededor. Un ejemplo lo tuvimos en el Festival de Sanremo cuando salió a cantar en segundo lugar en la primera noche con una bandera arcoíris en el mástil de su micrófono reivindicando la aprobación de las uniones civiles entre personas del mismo sexo y la inclusión de este derecho en la Constitución. Por otro lado, es una defensora del medioambiente, lo que ha demostrado en su oposición frontal a que se hicieran prospecciones petrolíferas en el Mediterráneo.

Este fin de semana canta en España, en Fuerteventura, y es un acontecimiento que una artista diferente, una artista que se sale de los cánones comerciales, venga a nuestro país por primera vez. Esperemos que no sea la última y que sea el inicio de una fructífera carrera en nuestro mercado discográfico porque una voz como la suya en España no la hay.

In boca al lupo, Noemi, in questa aventura spagnola.

Lo que esconde el Partido Popular

El candidato del Partido Popular y toda su organización están planteando una precampaña basada en que los españoles nos fijemos en los despropósitos de los últimos cuatro meses y que nos olvidemos de los atentados cometidos por su organización en los últimos cuatro años, que hagamos tabla rasa sobre las mentiras, sobre las promesas incumplidas, sobre la corrupción sistémica del PP, sobre los recortes a nuestro Estado del Bienestar, sobre la precarización de las condiciones laborales, sobre la derogación encubierta de las libertades civiles o sobre la imposición de un modo de gobernar autoritario enmascarado bajo el tapiz de la democracia. Sin embargo, todo lo ocurrido en la legislatura «mariana» es la consecuencia de una estrategia bien diseñada por la derecha española desde la instauración de la democracia tras la muerte del dictador y del Movimiento Nacional del que el Partido Popular es heredero.

Todo lo ocurrido desde hace más de una década en un mundo cada vez más global está dentro del ordenamiento y del alcance del Business Plan de la derecha, de la estrategia a seguir para lograr que la sociedad se convierta en un reflejo de su ideología, de esa ideología clasista basada en la desigualdad y en la superioridad de las élites económicas y empresariales sobre los ciudadanos.

Aznar: el urdidor de la crisis económica

José María Aznar llegó a la Moncloa tras ganar por la mínima las Elecciones Generales de 1996. España era un país que estaba saliendo de la crisis del 93, un país que ya creaba empleo pero que mantenía una elevada tasa de paro. El líder del Partido Popular tuvo que hacer muchas promesas en campaña en lo referente a la situación económica, y, sobre todo, tenía el reto de superar a Felipe González como Presidente de Gobierno tras la oposición mezquina que realizó en la última legislatura del PSOE. Necesitaba un golpe de efecto y sabía que los españoles cifran la eficacia de un gobierno en su prosperidad personal. Para ello impulsó una serie de medidas para generar empleo rápido y crecimiento económico exprés.

Una de estas medidas fue la Ley 7/1997, de medidas liberalizadoras en materia de suelo y de Colegios Profesionales. Esta ley tenía la finalidad de rebajar el precio del suelo para que los ciudadanos tuvieran un mayor acceso a la vivienda. Para lograr ese abaratamiento previsto había que aumentar la oferta de suelo urbanizable y no se les ocurrió otra cosa que eliminar la distinción entre suelo urbanizable programado y no programado para que la totalidad de suelo disponible fuera urbanizable. A esta ley se unió la Ley 6/1998 que cubrió el vacío legal que dejó la Sentencia del Tribunal Constitucional que derogaba la Ley del Suelo de 1992 del gobierno de Felipe González. Estas dos leyes fueron la clave para que en España se generara la burbuja inmobiliaria que, por un lado llevó a España a un crecimiento económico superior a la media europea, a unas cotas de creación de empleo desconocidas en nuestro país y, por otro, al endeudamiento de las familias, a la destrucción de la conciencia de clase obrera y a la sensación de vivir en una prosperidad que era falsa.

Por otro lado el Gobierno de Aznar también legisló para que las entidades bancarias pudieran llenar el mercado del dinero suficiente para que ese monstruo que estaban creando pudiera echar a andar. A lo anterior se unió el control deficitario del endeudamiento, tanto de los ciudadanos como de los propios bancos que necesitaban de créditos de otros bancos de Europa y Estados Unidos.

El Gobierno de Aznar afirmó que con sus medidas se crearía empleo, cosa que ocurrió, y que el hecho de tener mucha vivienda nueva haría que el precio de la vivienda bajara. En este aspecto se equivocaron porque el monstruo inmobiliario degeneró en movimientos especulativos no solo de las élites empresariales o económicas sino de los propios ciudadanos. En España antes de las leyes de Aznar el metro cuadrado construido costaba aproximadamente 700€ de media, mientras que en 2004, cuando abandonaron el poder, superaba los 1.500€. Se benefició a unos pocos con soluciones a medio plazo, pero soluciones que generaron la crisis social más importante en España desde la Guerra Civil.

La burbuja inmobiliaria: el pilar sobre el que se apoya la estrategia de la derecha

La burbuja inmobiliaria de Aznar es la verdadera herencia que recibió el Partido Popular. La crisis económica fue la principal consecuencia de la orgía especulativa que se creó gracias a las medidas del primer gobierno del PP. Sin embargo, dicha burbuja y dicha prosperidad no era solo un movimiento económico sino que había algo más: la intención de perpetuarse en el poder y de someter a los ciudadanos bajo su ideología, tanto política como económica.

La burbuja inmobiliaria fue la rampa de lanzamiento de una estrategia perfectamente estudiada. El hecho de que en España se creciera económicamente y se creara empleo hacía que la prosperidad de los ciudadanos aumentara. Eso es un hecho y no admite discusión. Sin embargo, ¿a qué precio? Al de la desgracia, el hambre, la miseria y la desigualdad, tal y como estamos viendo en la actualidad.

La falsa prosperidad y la eliminación de la conciencia de clase

La situación económica tras el lanzamiento de la burbuja hizo que se creara una falsa prosperidad en la clase obrera que provocó que muchos trabajadores tuvieran la sensación de ascenso social y generó un lógico aburguesamiento de sus costumbres. La banca, tanto la tradicional como las Cajas de Ahorro, hacían que la clase trabajadora entrara en el consumismo basado en el crédito, además de la posibilidad de tener en propiedad una vivienda, un buen coche, viajes al Caribe, largas vacaciones, etc. No digo que un trabajador no pueda disponer de una vivienda digna, de un coche o que no tenga derecho a irse al Caribe. Es el trabajador quien más lo merece. Sin embargo, el acceso fácil al crédito por la irresponsabilidad de la banca y los salarios con un crecimiento de un 3% por encima de IPC hacía que el obrero se fuera aburguesando. Ya no eran trabajadores, eran clase media. En España se pagaban salarios a los obreros de la construcción superiores a directores de departamento en otros sectores. En los pueblos de Andalucía, Extremadura y Castilla La Mancha, sobre todo, se podía ver a los obreros de la construcción conduciendo coches de alta gama, comprando chalets o llevando un ritmo de vida propio de la clase media-alta. No soy tan refractario como para defender que la clase obrera no tiene el derecho de vivir bien o de permitirse lujos. Se lo estaban ganando con jornadas de trabajo a destajo. Sin embargo, la derecha logró uno de sus objetivos: la eliminación de la conciencia de clase ante lo que tenían proyectado para el futuro y que trataré más adelante.

Los trabajadores vivieron en una falsa prosperidad que les hizo crearse unas necesidades ajenas hasta ese momento en sus vidas. Habrá quien me diga que la prosperidad estaba ahí, pero nadie en su sano juicio, salvo que pertenezca a aquellos que se convierten en propagandistas de la derecha, a pesar de pertenecer a una clase social que jamás será defendida por los conservadores, podía prever que esa situación tuviera una permanencia en el tiempo.

Trabajadores manipulables y sumisos

La falsa prosperidad y los nuevos intereses creados provocaron también que muchos jóvenes dejaran sus estudios para empezar a trabajar en la construcción, tanto de viviendas como de infraestructuras. Había demasiado dinero, se veía correr el dinero y los jóvenes buscaban cumplir sus sueños. La consecuencia de esto la tenemos en el exceso de paro juvenil, en los niveles de abandono escolar y en la elevada tasa de jóvenes sin formación ni cualificación.

Las obligaciones adquiridas con las entidades bancarias, tanto en créditos personales como en las elevadas hipotecas provocaban que los trabajadores tuvieran la necesidad de tener un puesto de trabajo para poder hacer frente a las deudas adquiridas. La irresponsabilidad de la banca a la hora de abrir la esclusa, que no el grifo, del crédito dando el mensaje de que había pasta para todo el mundo y para todo causó que muchas familias se encontraran con que el total de deudas superaban el 60% de los ingresos de la unidad familiar, cuando lo lógico es que la totalidad no supere el 35%. Hipoteca, préstamos personales para muebles, viajes o coche, tarjetas de crédito (que las regalaban) eran los recibos a los que tenían que hacer frente cualquier familia absorbida por la falsa prosperidad y su falsa inclusión en la clase media. Cualquier error, cualquier situación sobrevenida era una desgracia porque la prestación por desempleo no cubría el total de las deudas. El miedo a la pérdida del empleo provocó que los trabajadores hayan aceptado condiciones salariales y laborales que en otras circunstancias no hubieran aceptado. La falsa prosperidad de los tiempos de la burbuja inmobiliaria creó trabajadores sumisos, por un lado, y trabajadores manipulables, dado que la falta de formación hace que se acepte lo que sea sin cuestionar nada.

La estrategia política y económica de la derecha

Cuando Aznar y su Gobierno aprobaron las leyes anteriormente citadas, cuando se empezó a crecer y a crear tanto empleo que desde el Partido Popular llegaron a afirmar que España era la locomotora económica de la Unión Europea, las miradas de los ultraconservadores españoles no estaban en el bienestar de los ciudadanos sino en la puesta en práctica de una estrategia que les perpetuara en el poder en el largo plazo. Ellos eran conscientes de que la economía de un país no podía basarse en un modelo productivo centrado casi en exclusiva en el sector de la construcción y en toda la actividad que arrastra. Ellos ya sabían que la burbuja inmobiliaria en algún momento iba a estallar.

Todo estaba pensado para que la primera legislatura fuera la del despegue. Apoyados por los partidos conservadores nacionalistas legislaron y generaron las condiciones imprescindibles para que la burbuja y la especulación inmobiliaria se convirtieran en el motor de la economía española. Alta creación de empleo, necesidad de importar mano de obra extranjera y generación de esa falsa prosperidad para las clases trabajadoras. Todo ello con el apoyo incondicional de la banca (sobre todo las Cajas de Ahorro que estaban casi en su integridad en manos del propio PP) y de las élites económicas y empresariales.

Una vez lanzado el monstruo pensaron que iban a seguir gobernando durante otras dos legislaturas más, la última (2004 – 2008) ya con una bajada de la actividad económica y con destrucción de empleo. El propio José María Aznar se arrogaba los méritos y cedía esa presunta última legislatura a su sucesor. Eligió a Mariano Rajoy, el candidato a la sucesión con menos luces y que menos sombra le podía hacer y que, además, se iba a comer la reducción de la velocidad de crucero de la economía y el aumento del paro. Ese empeoramiento de las condiciones económicas provocaría la pérdida del poder para que el PSOE fuera quien gestionara lo más crudo de la crisis para recuperar ellos el poder en 2012 y volver a relanzar la economía en unas condiciones globales más favorables. Ese era el momento elegido para la aplicación de su ideología neoliberal con la eliminación del Estado del Bienestar. Machacarían a los ciudadanos pero ellos quedarían como salvadores de la patria, casi como el Caudillo por la Gracia de Dios.

Sin embargo, las cuentas le salieron mal al Partido Popular. El 11 de marzo de 2004, tres días antes de las Elecciones Generales el atentado contra los trenes de Cercanías de Atocha, Santa Eugenia y El Pozo y los intentos de manipular la información sobre la autoría del ataque terrorista para que no afectara al resultado electoral hizo que los ciudadanos le dieran la espalda al partido ultraconservador español para depositar su confianza en José Luis Rodríguez Zapatero y en el PSOE. Fue en el gobierno de ZP cuando estalló la burbuja, como ya sabían en el PP. A esto se unió la crisis global con la quiebra de Lehmann Brothers y la crisis de deuda soberana y financiera en la UE. Como era lógico, en 2011 el PSOE perdió las elecciones y el PP llegó al poder con mayoría absoluta. La situación económica era mucho peor de lo que ellos plantearon en 1996, pero tenían una mayoría absoluta que les iba a permitir imponer ese modelo donde lo público debía ser eliminado para abrir nuevos nichos de negocio para esas élites que les permitieron llevar a cabo su plan sobre la burbuja. La propia banca se beneficiaría de ayudas públicas para subsanar los desmanes que se les permitieron y socializarían las pérdidas que habían sufrido tras el estallido de la crisis.

Lo que los ciudadanos hemos sufrido con el Gobierno de Mariano Rajoy es la consecuencia de esa estrategia político-económica de la derecha española, la consecución de los objetivos marcados en su Business Plan. Lograron crear una bolsa de millones de desempleados que con las obligaciones de deuda particular adquiridas durante la época de la burbuja, tanto hipotecarias como de préstamos personales se convierte en una bolsa de trabajadores temerosos y dispuestos a aceptar cualquier condición laboral y salarial con tal de no perder algo tan básico como la vivienda. El propio aumento de los desahucios podría ser interpretado como una forma de introducir más miedo en las verdaderas víctimas de la crisis. En los cuatro años que Rajoy quiere hacer olvidar centrándose en los últimos cuatro meses lograron crear una masa de trabajadores manipulables por ese miedo y por la falta de formación de aquellos que dejaron sus estudios para trabajar en la construcción. El ejemplo lo vimos en las Elecciones Generales de 2011: muchos de los que se encontraban ya desesperados por el desempleo y la falta de ingresos se dejaron manipular por un programa electoral falso y votaron por la derecha, precisamente la opción que jamás les va a defender. El condenado a muerte aplaudiendo la subida del verdugo al patíbulo. Consiguieron que la clase trabajadora no se enfrentara directamente al poder tras los abusos aprobados por Decreto-Ley por el PP. Lograron derogar derechos sin apenas presión en la calle, al contrario de lo que está ocurriendo en Francia con la Reforma Laboral que el falso socialista Manuel Valls quiere imponer a nuestros vecinos. Todo ello por miedo y ese miedo que hace que las clases trabajadoras de rentas medias y bajas prefieran quedarse dentro de lo que Rajoy llamó «la mayoría silenciosa» y que, evidentemente, el Presidente en funciones alabó. Todo ello como resultado de la estrategia ultraconservadora que comenzó a fraguarse en 1996.

Les está saliendo tan bien que aún siguen por delante en intención de voto en las encuestas para las Elecciones Generales del 26-J. Son así. Lo tenían todo pensado. Ahora intentan ponerse de nuevo la piel de cordero ocultando información y manipulando medidas que todos sabemos que no van a poder cumplir porque el PP es el partido esbirro de la Europa austericida y cualquier medida que nos quieran imponer desde esta UE que traiciona sus propios pilares será aprobada sin pensar en el daño que puedan causar porque, realmente, lo único que importa es mantenerse en el poder para continuar con la aplicación de su ideología neoliberal y celebrar el «corpore in sepulto» del Estado del Bienestar y de la propia democracia.

Alta traición

Los que dejan errar al rey a sabiendas, merecen pena como traidores
(Alfonso X, el Sabio)

La Constitución Española en su artículo 1.2 afirma que «La soberanía nacional reside en el pueblo español, del que emanan los poderes del Estado». Por otro lado, el Código Penal, en su Título XXIII, determina los castigos aplicados a los españoles que cometan delitos de traición. Todos los artículos de este Título XXIII (581-603) están orientados hacia la traición al Estado en lo relativo a la defensa nacional y a los atentados contra la unidad de España. Sin embargo, en este país se está cometiendo una traición mucho más grave contra quien detenta la soberanía nacional. Veámoslo.

Estos años de crisis económica en los que se ha querido aprovechar que el Pisuerga pasa por Valladolid para acometer una serie de reformas de claro corte neoliberal que han afectado directamente a la vida de la gran mayoría del pueblo español y que no tienen visos de que se vaya a revertir. La condescendencia y la complicidad del gobierno de Mariano Rajoy y del Partido Popular (defensor a ultranza del liberalismo económico que tiene como aspiración máxima la eliminación del Estado como garante de la protección de los ciudadanos) respecto a las medidas impuestas por la Comisión Europea para el control del déficit público ha hecho que se hayan recortado de manera salvaje las partidas económicas destinadas al sostenimiento del Estado del Bienestar que tanto trabajo y tantos sacrificios costaron implementar en España tras la caída del franquismo. Sin embargo, el mayor problema no se encuentra en el gasto público sino en la recaudación. En España se escamotea al fisco anualmente un 24,6% del Producto Interior Bruto. Tomando como medida el billón de euros de PIB español, estamos hablando de 246.000 millones que el Estado deja de percibir. Los inspectores de Hacienda han repetido en innumerables ocasiones que el mayor desequilibrio económico está provocado precisamente por esa economía sumergida y, de paso, hacer visible la indecente falta de medios con la que cuentan para luchar contra ella. La cuarta economía de la Eurozona es la que menos inspectores tiene por número de habitantes, uno por cada 1.958 habitantes, la ratio más baja de la Unión Europea, según datos aportados por GESTHA (el sindicato de los técnicos de Hacienda) en base a los informes de la OCDE:

	Plantilla de Administraciones tributarias (funciones tributarias y generales), a tiempo completo	Número de ciudadanos por cada empleado de Administraciones tributarias (funciones tributarias y generales), a tiempo completo	Número de ciudadanos activos por cada empleado de Administraciones tributarias (funciones tributarias y generales), a tiempo completo
Malta	770	532	221
Luxemburgo	891	574	432
Hungría	16.976	589	251
Holanda	23.014	722	381
Alemania	110.515	740	381
Irlanda	5.962	752	355
Rep. Checa	13.944	753	376
Letonia	2.860	766	409
Polonia	48.305	791	370
Dinamarca	6.871	810	413
Eslovenia	2.417	847	387
Rumania	24.009	909	385
Bulgaria	7.703	914	320
Reino Unido	66.466	929	474
Francia	69.650	942	409
Chipre	878	957	490
Lituania	3.516	1.003	462
Finlandia	5.229	1.030	511
Bélgica	10.472	1.040	464
Portugal	10.073	1.048	547
Eslovaquia	5.173	1.050	526
Austria	7.690	1.095	561
Suecia	8.205	1.152	612
Grecia	9.300	1.216	534
Estonia	783	1.711	889
Italia	32.619	1.849	767
España	**23.556**	**1.958**	**976**
Media ponderada UE 28	**48.799**	**970**	**460**

Estos datos son vergonzosos, sobre todo en un país como España, donde la tasa de desempleo, la desigualdad generada por la crisis y las consecuencias de un mapa productivo deficitario basado en la precariedad del empleo hacen más necesario la aportación del Estado para garantizar los servicios a quien corresponde la soberanía nacional.

No se piensen ustedes que estas cifras de evasión fiscal o de economía en B están provocadas por no pagar el IVA en unas «ñapas» en casa. Este fraude, que también es censurable y del que todos somos responsables, «apenas» supone un 7% de la cantidad antes indicada. Quienes son los máximos responsables de esa evasión de dinero a los españoles son las grandes fortunas y las grandes empresas, es decir, las que tienen a su disposición las herramientas para rozar la línea constantemente de sus declaraciones impositivas gracias a la contratación de técnicos y bufetes de abogados que sólo están al alcance de esas élites.

Por otro lado, España tiene otro problema muy grave: la corrupción política que, evidentemente, también tiene su coste para las arcas del Estado. Según varios estudios independientes la corrupción política le cuesta a los españoles 87.000 millones de euros al año. Precisamente, en esa corrupción también están metidos interpretando el papel del corruptor parte de esas élites empresariales que ya defraudan al Estado gracias a su ingeniería fiscal o a su movimiento de capitales hacia paraísos fiscales o hacia otros países que tienen unas tasas impositivas más laxas dentro de la propia Unión Europea (Luxemburgo o Irlanda, por ejemplo).

Si sumamos las cifras de economía sumergida a las de la corrupción nos da un resultado escandaloso:

COSTE CORRUPCIÓN	87.000
COSTE ECONOMIA SUMERGIDA	246.000
TOTAL	333.000

(Millones de euros)

Los datos anteriores son totales. Si nos centramos en lo referido a grandes fortunas y grandes empresas:

GRANDES EMPRESAS Y GRANDES FORTUNAS	188.436
CORRUPCIÓN	87.000
TOTAL	275.436

(Millones de euros)

Veamos ahora los datos referidos a lo que aportan las Administraciones Públicas anualmente a varios de los puntales del Estado del Bienestar:

PRESPUPUESTO DESEMPLEO	19.820
PRESUPUESTO PENSIONES	135.448
PRESUPUESTO EDUCACIÓN	35.410
PRESUPUESTO SANIDAD	54.225
TOTAL	244.903

(
Millones de euros)

Las cifras son escandalosas, a la vez que desalentadoras. Sólo con lo que las grandes fortunas y las grandes empresas defraudan al Estado español se podría sostener el Sistema de Pensiones y garantizarse una Sanidad de calidad a todos los ciudadanos. Si a esto le sumamos los costes de la corrupción tendríamos que cada año los españoles sufrimos recortes porque unos pocos se aprovechan de su poderío económico, de su acceso a las redes de poder y de su influencia para no aportar lo que les corresponde para sostener algo tan básico y fundamental en una democracia como es el Estado del Bienestar.

Este artículo comenzaba con una alusión a la Soberanía Nacional reconocida al pueblo español por la Constitución y se añadía un resumen de todo lo referido a los delitos de traición en el Código Penal. ¿Qué mayor traición hay hacia el Reino de España que la de provocar la caída de uno de los cimientos sobre los que se asienta cualquier Estado democrático? Por eso los delitos cometidos contra la Hacienda Pública deberían ser incluidos dentro de ese Título XXIII del Código Penal por el daño que causan a quien es depositario de la Soberanía Nacional. La traición no debe sólo ser aplicada a aspectos relacionados con la seguridad nacional, con los secretos de Estado, con la defensa de la nación o con la unidad de la misma. También ha de ir orientada hacia el quebranto que puede ocasionar al pueblo y, en la situación actual, no hay mayor atentado que el privarle de lo que tiene reconocido también en la Constitución como un derecho.

Estamos en época electoral. Unos, siguiendo la costumbre de mentir sobre su programa, afirman que van a bajar los impuestos. Otros quieren crear nuevos impuestos para poder mantener el Estado del Bienestar. También están quienes quieren crujir directamente a las grandes empresas y a las grandes fortunas sin tener en cuenta las posibles consecuencias de esta medida. Antes de hacer nada hay que poner las bases para que cada cual aporte al Estado lo que le corresponde, ni más ni menos, porque cumpliendo cada uno con sus obligaciones con la Agencia Tributaria no harían falta más recortes ni nuestros sistemas de protección social estarían en peligro. Quienes defraudan están cometiendo un delito que bien podría ser de alta traición contra el pueblo español.

Carlos Herrera sí que tendría que estar «callado como una puta»

El programa de Carlos Herrera en la Cadena COPE es un claro ejemplo de ese machismo rancio, de ese lenguaje de barra de bar, tan propio de un sector bastante importante de la derecha española. El locutor sevillano, además de ser un personaje y de creerse precisamente el papel que ese personaje representa en la estrategia conservadora de ganarse el favor de los suyos a través del insulto fácil, del «caca-culo-pedo-pis», de los eufemismos cargados de machismo más propio del siglo X que del XXI, es un hombre bastante desagradable porque, como todos los necios, piensa que está en posesión de la verdad absoluta.

La última «gesta» de Herrera la tuvimos el pasado martes con la respuesta dada un tuit de nuestra compañera Beatriz Talegón. Todo comenzó cuando Herrera se refirió al incidente del pasado fin de semana en que dos mujeres que apoyaban la colocación de pantallas gigantes para ver los partidos de la Selección Española fueron agredidas. La reacción de Herrera fue la de atacar a los independentistas y, en concreto, a las independentistas porque «las independentistas catalanas siguen calladas como putas». Ante este comentario, Beatriz Talegón tuiteó lo siguiente: «Distinguido Señor @carlosherreracr nos puede explicar la expresión "calladas como putas"? Muchas gracias». Como pueden se trata de un tuit respetuoso, educado y sin ningún ataque directo al locutor.

Como Herrera piensa que está en posesión de la verdad absoluta y que eso le da patente de corso para lo que a él le dé la gana, inició un discurso de suficiencia y superioridad moral que ha terminado con insultos. Luis del Val la ha llamado «mema» en su copla y Salvador Sostres, otro necio que quiere imponer a todo el mundo de entender la vida y que se califica él solo cada vez que abre la boca, incluso llegó a insinuar que esa interpelación de Beatriz Talegón es un ejemplo del nuevo fascismo (¡acojonante, Sostres hablando de fascismo!) e incidiendo en la memez de nuestra compañera.

El programa de Herrera es de lo más casposo y esto es un ejemplo de ello. No caeremos en el mismo barro al que el sevillano quiere llevar el debate y no diremos lo que realmente pensamos de Carlos Herrera. Lo que queda claro es que ellos mismos se retratan cada mañana con unos contenidos que están al servicio de las élites económicas, empresariales y, evidentemente, religiosas de este país, donde los destrozos a la ciudadanía son tratados como verdaderos logros porque, tal y como dijo Sostres, a los pobres hay que echarlos como quería hacer Esperanza Aguirre del centro de Madrid. Si alguien está de acuerdo y aplaude que se hayan hecho recortes en nuestras libertades y derechos, que se esté destrozando el Estado del Bienestar, que las medidas del Partido Popular han generado una desigualdad más propia de la posguerra que del momento actual, que haya millones de familias por debajo del umbral de la pobreza o que hay que aguantarse con el empleo precario que se crea, es que se está rozando la psicopatía. Por eso, señor Herrera, quien debería estar «callado como una puta» debería ser usted porque se puede hacer radio, se puede estar de acuerdo o no con lo que se defiende, pero lo que no se puede permitir es la zafiedad, el lenguaje soez y, sobre todo, el insulto a quien no piensa como usted o a quien «se atreve» a llevarle la contraria.

El plan del PSOE contra la explotación laboral: ¿solución real o marketing electoral?

Como todos ustedes saben nos encontramos en época electoral y, por tanto, es el tiempo de las promesas, el tiempo de los planes ambiciosos, pero también es el tiempo de que los partidos políticos caigan en la tentación de prometer medidas que por la razón que sea es muy posible que no sean llevadas a cabo una vez alcanzado el gobierno. El ejemplo más claro y más obsceno de esta actitud de falta de respeto a los ciudadanos lo tuvimos en las elecciones generales de 2.011 cuando el Partido Popular se inventó un programa electoral que presentaba a los españoles lo que esperaban oír en un momento en que la crisis económica azotaba con más fuerza sobre las clases trabajadoras. Tuvieron la desvergüenza de afirmar que el único modo de conseguir un empleo era votándoles a ellos. Muchos denunciamos entonces que existía un programa oculto y que una vez logrado el poder harían todo lo contrario de lo prometido, hecho que se hizo realidad cuando los españoles decidieron que el Partido Popular tuviera mayoría absoluta en el Parlamento. Subieron los impuestos, cuando prometieron bajarlos, amnistiaron a defraudadores, no crearon empleo y el que se creó gracias a su Reforma Laboral era y es muy precario, recortaron libertades reconocidas en la Constitución, bajaron las pensiones por mucho que afirmen lo contrario, saquearon la hucha de las pensiones, se rescató a la banca cuando se dijo que se haría y un largo etc. que ustedes ya conocen porque lo habrán sufrido.

La situación ha cambiado en algunos puntos tras estos cuatro años de «dictadura parlamentaria». Ahora hay más partidos que se reparten los escaños y, por tanto, hay que ser mucho más ambiciosos en las promesas que se hacen. La falta de regulación legal de los programas y las campañas electorales, la falta de un marco legislativo que obligue a los partidos a cumplir íntegramente el contrato que firman con la ciudadanía del mismo modo en que es obligatorio cumplir todas las cláusulas contractuales de un acuerdo entre empresas y clientes, hace que todos las organizaciones políticas sigan cayendo en el vicio de «prometer hasta meter, y una vez metido...». No tenemos más que ver muchas de las propuestas que están haciendo los líderes en estos días, propuestas que suenan muy bien pero que quedan diluida en la sombra de la duda.

Esta semana el Partido Socialista Obrero Español ha expuesto un plan para terminar con la explotación laboral que se está produciendo en este país gracias a la Reforma Laboral del Partido Popular. Sí, en la España del siglo XXI hay explotación laboral y, en algunos casos, condiciones de trabajo más propias de la esclavitud que de otra cosa. Todos conocemos casos de trabajadores que firman contratos de media jornada pero que, en la realidad, trabajan muchas horas más. Son precisamente los sectores sobre los que se asienta la creación del empleo precario español, los sectores que se aprovechan de la situación del mercado de trabajo de este país para aprovecharse de la temporalidad y de la precariedad y aumentar de ese modo su margen de beneficios. En España se trabajan 3,5 millones de horas extraordinarias no remuneradas a la semana, según el Instituto Nacional de Estadística. Esta cifra supone que se están perdiendo 87.500 empleos a tiempo completo (40 horas semanales). Evidentemente, esto hay que pararlo de algún modo. El PSOE ha presentado esta semana su plan para ello pero, ¿se trata de una medida realista o es puro marketing electoral? Repasemos lo que decían al respecto tanto en el programa electoral de diciembre de 2.015 y en el «Pacto de la Vergüenza» con la derecha ultraliberal de Albert Rivera.

En el programa electoral de diciembre no hay apenas referencias a la explotación salvo un punto que dice: « Regular de nuevo el trabajo a tiempo parcial de modo que recupere su vocación de elemento flexibilizador y ordenador del tiempo de trabajo, compatible con las responsabilidades familiares y laborales, incluidas las formativas. Para ello el horario de trabajo deberá estar determinado en el contrato y la realización de horas complementarias tendrá que estar prevista en convenio colectivo; en todo caso, las modificaciones en dicho horario de trabajo y la antelación con la que debe comunicarse al trabajador o trabajadora deberá articularse de acuerdo a lo contemplado en la negociación colectiva» (pág. 125). Posteriormente, en el punto 2.3, centrado en la propuesta de modificación de la Inspección de Trabajo —una buena propuesta, reconozcámoslo—, se hacen menciones al problema orientándolas hacia la necesidad de la reforma de esta Inspección. No hay medidas concretas, sino que se trata en problema en diferentes puntos.

En el pacto de Pedro Sánchez con Albert Rivera, sólo hay un punto en el que se trata este tema: «Puesta en marcha con la mayor urgencia de un Plan de Inspección de Trabajo y Seguridad Social que luche contra la explotación y la precariedad laboral». Como pueden ver lo que se recogía en el acuerdo de gobierno firmado con una ridícula y excesiva solemnidad en el Congreso de los Diputados es muy vago. ¿Qué se iba a aplicar, el plan socialista anteriormente indicado o lo propuesto por Ciudadanos en el suyo? Por cierto, en el programa de los nuevos representantes del tea party en España no hay ninguna mención a la explotación laboral ni a las horas extras ilegales. Con las concesiones que se hicieron desde los socialistas para que Rivera apoyara a Sánchez, lo lógico es que el plan contra la explotación laboral se quedara en un brindis al sol.

El pasado martes Pedro Sánchez anunció un plan contra la explotación laboral con el que se pretende hacer aflorar unos 78.000 empleos dentro de sus propuestas en materia de empleo para las elecciones del 26-J. Esto es lo que dice en lo referido a la explotación laboral: «Puesta en marcha con la mayor urgencia de un plan de la Inspección de Trabajo y Seguridad Social de lucha contra la explotación y precariedad laboral, que irá acompañado de los medios humanos y materiales necesarios al efecto. Con este plan, se conseguiría aflorar 78.000 empleos, los trabajadores dispondrían de 2.500 millones de euros adicionales de masa salarial y las arcas públicas podrían ingresar en torno a 1.200 millones de euros». Como pueden ver, no hay nada nuevo bajo el sol ya que se trata de lo mismo que se proponía para las elecciones de diciembre y de lo indicado en el pacto con Ciudadanos.

Es evidente que el PSOE necesita en esta campaña electoral un constante lanzamiento de golpes de efecto porque su situación es crítica por más que desde Ferraz se siga utilizando la táctica del autoengaño para tapar un fracaso que todo indica que será más duro que el del 20-D, sorpasso de Unidos Podemos incluido, pero presentar a bombo y platillo una medida que ya estaba dentro de su programa electoral anterior y que aparecía en el «Pacto de la Vergüenza» con Ciudadanos, hace que esta escenificación no sea más que la búsqueda de esos golpes de efecto que hemos dicho anteriormente y que no son más que puro marketing electoral.

Analicemos un poco la medida. Hay un hecho que le da fiabilidad a la misma y es la aplicación en Canarias de algo similar y que ha tenido efectos positivos. La vicepresidenta del Gobierno de Canarias, la socialista Patricia Hernández, puso en marcha un plan en el que se reforzó la plantilla de la Inspección de Trabajo con inspectores llegados al archipiélago desde la Península y que tuvo un efecto disuasorio sólo con el anuncio del mismo ya que se regularizaron miles de contratos abusivos. Por otro lado, Patricia Hernández anunció que las horas extraordinarias no remuneradas serían tratadas como infracción grave, sobre todo en los contratos a tiempo parcial.

La medida anunciada por Pedro Sánchez ya ha tenido un efecto práctico. Sin embargo, quedan muchas dudas sobre su aplicación a nivel nacional. ¿Se utilizará el modelo implementado en Canarias? ¿Cuándo podrá ponerse en marcha? ¿Qué tiempo es necesario para la contratación y formación de los nuevos inspectores? ¿Qué coste real tiene la medida? ¿En qué ámbitos se va a actuar, teniendo en cuenta que los sectores donde más abusos se producen son el turístico y la hostelería, el verdadero motor actual de la creación de empleo? Se trata de un tema importantísimo en nuestro país y para la clase trabajadora porque, además de ser explotada, está reteniendo miles de puestos de trabajo, como para que la medida quede expuesta en apenas 5 líneas.

Si damos por supuesto que el plan del PSOE para finalizar con la explotación laboral está basado en su plan para reforzar la Inspección de Trabajo que no ha sido modificada en el programa del 26-J respecto a lo indicado en el del 20-D, veamos lo que propone el Partido Socialista: «Incrementar el número de Inspectores de Trabajo y Seguridad Social y el de los Subinspectores de Empleo y Seguridad Social de forma progresiva, hasta alcanzar los 3000 efectivos. Y elaborar un plan de lucha contra la explotación y precariedad laboral». Como pueden comprobar, no hay concreción sobre medidas a aportar y, precisamente, ese sería el golpe de efecto que podría hacer que la propuesta socialista calara en el votante, que generara polémica dentro de los medios de comunicación, que iniciara un debate, es decir, que ganara la visibilidad que la ausencia de puntos concretos sobre el plan diluye en un mero titular periodístico que tiene la vigencia que dé la actualidad. De un partido serio como debería ser el PSOE se espera más seriedad en el trato de temas que son de especial importancia para la ciudadanía. Está claro que la situación actual de desintegración del Partido Socialista les obliga a buscar propuestas, proyectos y medidas que tengan atracción para el votante que está decepcionado por el constante vaivén ideológico de los socialistas, por la falta de carisma de su líder, por la búsqueda de la efectividad en un nicho electoral que, por naturaleza, no es el que le correspondería y por la herencia recibida de las políticas erráticas y claramente de corte liberal aprobadas por el último gobierno socialista que le ha restado credibilidad. Sin embargo, es precisamente esa falta de concreción lo que hace que por mucho golpe de efecto que quieran lograr, por mucha estrategia de marketing electoral que quieran implantar, sus propuestas queden ocultas en el pensamiento del votante progresista y no tengan un retorno en las urnas.

¿Sí?

En esta campaña electoral nos estamos encontrando con un aspecto que no habíamos visto jamás en nuestra corta historia democrática: la presentación a los españoles de los comicios como si fueran un referéndum o un plebiscito, hecho éste que nos está llevando a unos niveles de absurdo y de falta de respeto a los ciudadanos que sólo pueden ser comparados a situaciones surrealistas propias de la mente de un enfermo. La polarización del voto vista en las elecciones del veinte de diciembre, la incapacidad de los cuatro principales partidos para cerrar un acuerdo de gobierno en los meses posteriores, los errores de algunos de ellos a la hora de poner en la cara de la gente su indefinición ideológica y las actitudes obstruccionistas han hecho que las cuatro formaciones con fondo electoral suficiente como para ser importantes tras el 26-J hayan planteado la campaña como un referéndum: votarme a mí es votar en contra del resto. Eso no es positivo para nuestra democracia.

Quien está llevando más lejos esta tendencia es el PSOE de Pedro Sánchez, incluyendo el pronombre personal «SÍ» en el lema de campaña. Los constantes fracasos del Secretario General socialista le han llevado a postularse ante los españoles como la única solución a sus problemas y, por ende, autoconferirse una superioridad moral respecto al resto.

Este carácter plebiscitario es un nuevo error de estrategia del PSOE de Pedro Sánchez, uno más de los muchos que lleva cometidos desde las pasadas elecciones. Ya hizo una mala campaña en diciembre presentándose ante los españoles como el garante de los éxitos del pasado respecto a los desmanes perpetrados por el Partido Popular y a la inexperiencia de Podemos y Ciudadanos. Basó todo su mensaje en eso y dar preponderancia a éste respecto a las nuevas medidas que tomaría si era elegido presidente del Gobierno hizo que un programa electoral bastante completo pero sin concreción quedara nublado por lo que hicieron los gobiernos socialistas en el pasado, unos éxitos que, por cierto, la ciudadanía ya tiene asumidos como un patrimonio propio y no como algo que es propiedad sólo del PSOE.

Sin embargo, el mayor error lo cometió con el vergonzoso pacto que firmó con Ciudadanos. Unirse a la derecha neoliberal, a los administradoras de la franquicia del *tea party* en España. Este acuerdo echó más leña al fuego a quienes acusan a los socialistas de indefinición ideológica, tanto a los que lo denuncian desde fuera como quienes lo hacen desde dentro del partido. Lo peor fue, no obstante, el mantenimiento del pacto tras haber sido rechazado por el Congreso en las dos sesiones de investidura, lo que imposibilitó cualquier otro pacto con las fuerzas progresistas. A esto ayudó también, evidentemente, el obstruccionismo de Podemos al poner unas condiciones que sabían de antemano que el PSOE no podía aceptar como, por ejemplo, el referéndum en Catalunya.

Ahora Pedro Sánchez se presenta ante los españoles con la imagen de que sólo votándole a él se puede producir el cambio que el país tanto necesita. Ponerse como adalid del cambio en la situación actual del Partido Socialista es osado y, a la vez, de una irresponsabilidad suprema. La indefinición ideológica que está sufriendo el PSOE, al menos en su dirigencia, hace que muchos cientos de miles de votantes socialistas se sientan desconcertados y decepcionados. Y si a eso le sumamos la fuga de apoyos por el flanco izquierdo hacia la coalición Unidos Podemos, el futuro no es muy alentador como para presentarse ante la ciudadanía como el paladín del cambio, sobre todo después de haber pactado con quien quiere profundizar en las reformas impuestas por Mariano Rajoy.

La situación del mapa electoral debería hacer reflexionar a quienes han diseñado esta campaña excluyente en un momento en el que, precisamente, lo que deberá primar es el diálogo abierto, sin líneas rojas y sin traicionar principios ideológicos que deberían ser irrenunciables. Todo parece indicar que el PSOE de Pedro Sánchez va a cambiar su situación: de ser un partido de gobierno se va a convertir en un partido bisagra y eso es algo que no parece que esté siendo bien digerido en Ferraz.

¿Por qué, de repente, ha aumentado el número de comunistas en España? ¿Por qué las clases trabajadoras, tanto de rentas medias como de rentas bajas, están abandonando al partido en el que depositaron su confianza durante varias décadas? Nuestro país no es comunista, neocomunista, eurocomunista, populista, o como queramos llamarlo. Sin embargo, está ocurriendo lo que ya pasó en otros países de nuestro entorno: los ciudadanos abandonan a los partidos socialistas porque no confían en ellos debido a la indefinición ideológica y a las constantes traiciones a su ideario que han ido perpetrando. Este hecho lo estamos viendo en Francia donde el presunto socialista Manuel Valls ha aprobado una Reforma Laboral que podría haber firmado sin que le temblara un músculo el propio Mariano Rajoy o que quiere limitar el derecho de huelga de los trabajadores obligándoles a ir a trabajar. Estas traiciones hacen que la ciudadanía progresista busque otras opciones. Lo hemos visto en Reino Unido donde el Partido Laborista está sufriendo ahora las consecuencias de la Tercera Vía de Toni Blair y de Gordon Brown y se está recuperando muy poco a poco gracias a Jeremy Corbyn y su vuelta a los valores tradicionales del socialismo. España no es Alemania o Suecia donde se ve normal que los socialdemócratas pacten con los conservadores. Aquí eso es visto como una traición y Pedro Sánchez lo hizo al firmar el «Pacto de la Vergüenza». Muchos de los votantes socialistas vieron en este pacto la principal causa de bloqueo de las negociaciones, sobre todo después de la negativa a la investidura y perdieron la poca confianza que tenían en el proyecto del PSOE, por más de que sea un buen proyecto, y cambiaron el sentido de su voto hacia la coalición Iglesias-Garzón. No es que en España hayan empezado a nacer los comunistas, no, lo que ocurre es que son muchos millones de españoles que jamás apoyarán a un partido de la derecha que se sintieron decepcionados en el pasado con el PSOE aunque lo siguieran apoyando pero que, tras la errática senda que ha cogido la actual Ejecutiva y varios de sus barones, han dicho basta y prefieren dar su voto a otras opciones. No es que haya millones de nuevos comunistas es que hay millones de socialistas decepcionados. Este hecho debería mover a los socialistas a reflexionar más allá del 26-J.

Ante esta situación a los estrategas de Ferraz no se les ha ocurrido más que la genial idea de presentarse ante los españoles como los únicos que pueden traer el cambio y de hacer una campaña marcada por el ataque constante a Podemos por no haber apoyado a Pedro Sánchez en la investidura. Esa negativa de Pablo Manuel Iglesias es lo único coherente que ha hecho el vallecano desde que entró en política y una de las pocas cosas que le aplaudo porque no se rebajó a pactar con la derecha ultraliberal por mucho que desde el PSOE se intentara. Da la sensación de que se ha querido adoptar la actitud del amante despechado que pasa del amor a la injuria en los segundos posteriores al rechazo. De ahí los vídeos y los discursos en los que se quiere asemejar a Iglesias y a Rajoy porque los dos votaron «No» a la investidura de Sánchez olvidándose de presentar a los españoles los matices de esa negativa.

Esa estrategia excluyente y cuasi plebiscitaria no está dando resultados porque las encuestas, hasta la ultracocinada del CIS, dan una mayor ventaja a Unidos Podemos respecto del

Partido Socialista. ¿Qué hará Pedro Sánchez para revertir lo que parece inevitable? ¿Dará por perdido el voto de izquierda y se irá a buscar apoyos en nichos que no le corresponden? Esto sería un verdadero desastre. ¿Luchará por recuperar lo que por su culpa se está perdiendo sin entrar en la descalificación del contrario o en el pataleo del niño pequeño? Hay una máxima del marketing que debería ser tomada en cuenta por los estrategas de Ferraz: si quieres vender más no hay que denostar a la competencia, más bien hay que alabarla. Si en vez de descalificar a Unidos Podemos Pedro Sánchez se presentara ante los españoles exponiendo su proyecto y anteponiéndolo al de Iglesias-Garzón para hacerlo más atractivo tendría un mejor resultado y daría una mejor imagen que la que se está dando en estos primeros días de campaña. ¿Se darán cuenta de ello o seguirán con la exclusión del referéndum han querido plantear a los españoles? Mucho me temo que ni hay ganas ni talante ni carisma para hacerlo y eso será una desgracia para todos.

¿Qué postura tomará Pedro Sánchez si la estrategia le sale mal y se confirma que Unidos Podemos supera al PSOE en votos y escaños? ¿Tendrá una pataleta de niño enfurruñado y actuará del mismo modo en que lo hizo Iglesias cuando Sánchez se postuló como candidato a la Presidencia del Gobierno? ¿Hará lo que tuvo que hacer tras el 20-D y se quedará en la oposición? ¿Se abstendrá para hacer lo que ahora está criticando a Iglesias, es decir, para mantener a Rajoy en la Moncloa? ¿Apoyará la investidura de Iglesias? Ese es el peligro de plantear una campaña como si fuera un referéndum que las consecuencias si no se logra la victoria son brutales para los perdedores. Por otro lado, también se genera un ambiente de sectarismo que se está viendo en los movimientos dialécticos de algunos sectores de la militancia que son afines al secretario general y que afirman que antes prefieren a Rajoy de presidente que a Iglesias, es decir, que están dispuestos a hacer lo mismo que están criticando en la campaña. Como pueden ver, todo muy coherente y todo consecuencia de una estrategia errónea.

La voluntad suicida de Pedro Sánchez y su tropa

En mi anterior artículo «¿*Sí?*» reflexioné sobre el peligro que tenía, en la situación política actual y tras la lamentable gestión de la política de pactos en la anterior legislatura por parte de Pedro Sánchez, plantear la campaña electoral como si fuera un referéndum frente al resto. Los acontecimientos acaecidos en esta semana me llevan a plantearme si Pedro Sánchez, su equipo de campaña, los miembros «pedristas» de su Ejecutiva y la «clá» de militantes que de buena fe confunden el aplaudir todo lo que haga el secretario general con la lealtad, tienen una clara voluntad de suicidio o es que no dan para más. Hagamos un breve repaso a lo acontecido a lo largo de esta semana:

El debate

Pedro Sánchez tenía una oportunidad maravillosa de aprovechar el debate a cuatro para presentar a los españoles el programa electoral del Partido Socialista, un buen programa que se queda corto en algunas cosas pero que en su conjunto es muy completo. Sin embargo, se presentó ante los ciudadanos con aire de mártir queriendo dar a entender que era víctima de esos chicos tan malos que son Podemos. La constante repetición de la coletilla de que ciertas medidas que anunciaba ya podían estar puestas en marcha si «Pablo Manuel Iglesias no hubiese votado «no» a su investidura» hizo que muchos nos sintiéramos decepcionados. En un debate de este tipo, con la polarización del voto que hay y con el alto volumen de indecisos hay, que presentarse ante los españoles con aire ganador, dando por hecho que el proyecto que se encabeza es mejor que el de los demás. Pedro Sánchez hizo lo contrario. Estaba clara la intención del socialista de intentar con esta actitud perdedora, y nada presidenciable, dar pena a los electores e intentar rascar votos a los muchos socialistas que ya no confían ni en el proyecto de este PSOE ni, por supuesto, en este candidato. Además, en este planteamiento de culpar a Iglesias hay un poco de trampa porque Sánchez oculta que Podemos no votó «No» al PSOE sino que lo hizo al Pacto de la Vergüenza de los socialistas con la franquicia del Tea Party en España.

Otro error gravísimo que cometió con esta actitud fue entrar en el juego de la polarización que han querido introducir en la campaña tanto el PP como Podemos. Elegir como adversarios a Rajoy y a Iglesias hizo muchos ciudadanos vieran a estos dos políticos como los verdaderamente presidenciables y a Sánchez como el «macho gamma» que quiere medrar en la manada. Tampoco ayudó mucho que apenas se enfrentara con su «socio» Rivera tras el «Pacto de la Vergüenza». Parecía como si hubiera un pacto de no-agresión entre ambos, lo que dio la sensación de que tanto PSOE como C's comparten muchas cosas. Si ese acuerdo absurdo ya fue una de las causas principales del bloqueo y de la convocatoria electoral del 26J, que ni Rivera ni Sánchez se atacaran en exceso dio la confirmación a muchos votantes, tanto conservadores como progresistas, que su voto será más útil si lo dan al PP o a Podemos que a Ciudadanos o al PSOE.

Finalmente, Pedro Sánchez volvió a cometer uno de sus errores más comunes: la utilización de la primera persona del singular al presentar sus propuestas en vez de hacer lo que hicieron sus contrincantes que usaban constantemente la del plural. Ese repetir el «yo» en vez del «nosotros» le da una imagen de ególatra y de personalización total de un proyecto que no está compuesto por él solo que a mucha gente no le gusta y, por tanto, aleja a votantes que siempre han depositado su confianza en el PSOE pero que aún están dudando de si seguir siendo fieles a los socialistas o entregársela a otras opciones.

La negativa a pactar con Podemos

En el PSOE se está produciendo una situación de inadaptación al escenario político que se ha ido generando en España a causa de la crisis económica y de sus consecuencias que les está llevando al absurdo más absoluto. Parece que no se han enterado de que la aparición de Podemos, con todos sus defectos, ha dividido aún más el voto de izquierda y que ahora ya no son el partido hegemónico del progresismo. Cuando me refiero a hegemonía lo hago pensando en la situación anterior en que el siguiente partido de izquierdas se encontraba a cientos de escaños y a millones de votos de diferencia no en quedar por encima del otro por unos miles de votos y por una veintena de diputados. Esta inadaptación al nuevo escenario y la incapacidad de llegar a un acuerdo de gobierno con Podemos y sus confluencias ha hecho que el PSOE se haya presentado ante los españoles en esta campaña con la idea de un enfrentamiento directo con el partido de Pablo Manuel Iglesias. En el Partido Socialista hay mucho miedo a que la coalición Unidos Podemos les supere tanto en votos como en escaños y que se dé la sensación de iniciarse un proceso de «Pasokización» en nuestro país. Por eso han tenido la «genial» idea de enfrentarse en campo abierto con los de Iglesias y Garzón. No han entendido nada de lo que está ocurriendo y, por ende, están perdiendo intención de voto cada día que pasa.

El hecho de que dirigentes como Antonio Hernando hayan afirmado con rotundidad que con Podemos no hay nada que hacer demuestra una ineptitud supina, sobre todo cuando en todos los sondeos la opción favorita de los españoles para conformar gobierno es la coalición entre Unidos Podemos y el PSOE. Sin embargo, la estrategia que han planteado los «doctores Bacterio» de Ferraz va en contra incluso de las preferencias de los españoles: con Podemos no se pacta. Consecuencia: más votos para Iglesias. Las propias declaraciones de Pedro Sánchez o de Susana Díaz en las que dan por hecho que se prefiere la oposición a pactar con Iglesias si éste queda por delante de los socialistas hacen que cientos de miles de ciudadanos progresistas alucinen y busquen que su voto tenga más valor, es decir, que se lo darán a quien les asegure que no van a permitir que la derecha siga gobernando. La rotunda negativa al pacto con Podemos hace que las llamadas al voto útil de los socialistas se transforme en una papeleta para los morados.

Y habló Jordi Sevilla para enmerdarlo todo aún más...

A todo esto vino el tuit de Jordi Sevilla en el que afirmaba que «Para evitar terceras elecciones, si no hay mayorías, debería dejarse gobernar al candidato que consiga mayor apoyo parlamentario», es decir, que planteaba que no era descartable que el PSOE dejara gobernar al PP. Aunque el tuit no lo afirma claramente, si unimos su contenido a lo visto anteriormente sobre la negativa al pacto con Podemos, comprobamos que hay un importante sector del Partido Socialista que estaría dispuesto a cualquier cosa, incluso permitir gobernar a Rajoy, antes que apoyar a Iglesias para que éste sea presidente. Algo insólito, que un partido de izquierdas permita gobernar a la derecha con tal de que el otro partido progresista no llegue al poder.

¿Voluntad suicida o ineptitud?

Las consecuencias para el PSOE de toda esta estrategia de campaña van a ser terribles. Ya todo el mundo da por hecho que Podemos les superará tanto en votos como en escaños. Pedro Sánchez va a lograr algo que parecía imposible de conseguir: romper un nuevo suelo electoral y que se produzca el «sorpasso». Este hombre siempre se supera a sí mismo en lo que se refiere a conseguir fracasos y la estrategia que ha adoptado en la campaña de ataque frontal a Podemos porque en Ferraz afirman que de este modo se va a recuperar voto está ayudando de manera decisiva a que el primer secretario general elegido por la militancia supere holgadamente los niveles lamentables del fiasco del 20D.

La situación del Partido Socialista y la falta de reacción por la incidencia en la táctica de minusvalorar a Podemos denota o una ineptitud suprema o una evidente voluntad de suicidio político. Territorios donde ya se fracasó estrepitosamente en diciembre pueden convertirse en clavos del ataúd de Sánchez. Por ejemplo, el caso de Madrid es claro. El 20D la lista que encabezaba el propio Sánchez quedó en cuarto lugar con tan sólo 6 escaños, cuando en 2.008 se consiguieron 15 y en 2.011 10, dejando fuera del Congreso a referentes del socialismo español como Eduardo Madina. Sin embargo, el 26J todo indica que va a ser peor ya que, incluso peligran, los puestos 4 y 5 de la lista. ¿Por qué está ocurriendo esto en Madrid? ¿Es una consecuencia de la desmotivación de los socialistas madrileños tras ser testigos de cómo intervenían sin motivo su Federación colocando en la Ejecutiva Regional a afines a Sánchez? Los que vivimos en Madrid sabemos que mucho de esto hay. Sin embargo, Madrid no es el único territorio donde peligran escaños que irán a engrosar la bolsa de Unidos Podemos. Un caso significativo es el de Andalucía, donde los sondeos indican que hay prácticamente un empate técnico entre PP, PSOE y Unidos Podemos. Son muchos los escaños que gracias a la Ley D'Hont están bailando. La propia actitud de Susana Díaz de buscar en enfrentamiento frontal tampoco ayuda porque da la sensación de que está llevando su animadversión hacia Teresa Rodríguez (animadversión que tiene toda su lógica) al terreno electoral. ¿Sánchez también logrará que Andalucía deje de ser el granero de votos socialista? Este hombre, si hablamos de fracasos, es un genio y siempre se supera a sí mismo y es muy capaz de lograrlo.

Son tantos los factores que hacen que el PSOE vaya a tener, no ya el peor resultado de su historia, sino una debacle en toda regla, que debería hacer reflexionar a los «doctores Bacterio» de Ferraz, a esos presuntos lumbreras encargados de la estrategia electoral. Aún hay tiempo y en una semana de campaña se puede remontar pero el futuro pinta muy mal.

2,6 millones de razones

Las principales potencias del mundo hablan del terrorismo del Estado Islámico como uno de los mayores problemas a los que la sociedad debe hacer frente. Es cierto porque nadie está seguro con el tipo de ataques indiscriminados de estos fanáticos que no representan nada, ni siquiera son los paladines del Islam, como ellos mismos se autodenominan. El Islam es otra cosa por mucho que los fanáticos occidentales quieran venderlo como una religión violenta y hacer creer que todos los musulmanes son un peligro para las democracias avanzadas.

Sin embargo, existe otro tipo de terrorismo en el que nadie está poniendo todos los medios para erradicarlo: los feminicidios, el terrorismo machista. Las cifras hablan por sí solas. Según diferentes organizaciones internacionales como la ONU o la Unión Europea, se calcula que en el año 2.015 fueron asesinadas por sus parejas, ex parejas, maridos o ex maridos más de DOS MILLONES SEISCIENTAS MIL MUJERES. Esta cifra, evidentemente, se queda corta con lo que es la realidad ya que existen países en los que el hecho de que una mujer sea asesinada en el ámbito del hogar es visto como algo normal. Hay Estados en los que no hay cifras. Por tanto, lo más probable es que el número de mujeres asesinadas sean muchas más de esos 2,6 millones y que los cálculos sean aproximados. Entretanto, se calcula que el número de muertos causado por el Estado Islámico en los últimos cinco años no llega a los 0,6 millones y, sin embargo, es el problema prioritario, que lo debe seguir siendo, pero que no debe desviar el objetivo hacia el hecho de que en base a un mal entendido sentido de la propiedad o de la superioridad del hombre sobre la mujer.

¿Por qué las estrategias para la lucha contra el terrorismo machista son siempre un fracaso? ¿Por qué las cifras de asesinatos crecen según pasan los años? ¿Por qué los Estados no son lo suficientemente diligentes para terminar con esta lacra? En primer lugar, las mujeres asesinadas no son rentables para las empresas porque no generan grandes contratos como ocurre con la lucha contra el Estado Islámico. En segundo lugar, porque es muy complicado realizar una acción de prevención a través de las Fuerzas de Seguridad. En tercer lugar, porque el terrorismo machista no genera un estado de miedo global sino individual y que es llevado en absoluto secretismo por las víctimas. En cuarto lugar, porque la prevención de este tipo de terrorismo se inicia en la educación y en lograr un cambio de mentalidad que lleve a los futuros asesinos a pensar en clave de igualdad y de respeto en vez de en clave de la superioridad consecuencia de una educación machista.

Prácticamente todo lo que se ha puesto en marcha hasta ahora ha fracasado. El gobierno de José Luis Rodríguez Zapatero puso en marcha una Ley contra la Violencia de Género que era el pilar sobre el que asentar las estrategias que pudieran terminar con este tipo de terrorismo. Como la prevención del terrorismo machista empieza en la educación, ese Ejecutivo dispuso que se incluyeran factores de igualdad y de respeto a la mujer en la asignatura de «Educación para la ciudadanía». Ese pilar fue derruido por el fundamentalismo machista de una parte del Partido Popular y por su adhesión a las tesis de personajes tan siniestros como Rouco Varela, como el obispo de Granada, Francisco Javier Martínez Fernández, como el arzobispo de Alcalá, Juan Antonio Reig Plá o como el cardenal Cañizares, quienes, entre otras cosas, han defendido que el papel de la mujer se encuentra en la sumisión total al hombre o que hayan pedido que a las mujeres se les retire el derecho al voto «porque últimamente piensan por su cuenta». Lo más grave de todo es que muchos de los fundamentalistas «genoveses» son mujeres.

Cada mujer que es asesinada por su marido, pareja, ex marido o ex pareja es una razón más para reclamar que se haga algo más de lo que se está haciendo, para que se le dé la importancia que tiene a un tipo de terrorismo que en un año multiplica por cinco las víctimas de un lustro de la que es la mayor amenaza para el mundo. Hay que luchar contra el Estado Islámico, evidentemente, pero también hay que poner toda la carne en el asador para que ninguna mujer más se asesinada. ¿Cómo hacerlo? No me corresponde a mí, pero, desde luego, algo totalmente diferente a lo que se está haciendo hasta ahora porque no se ha logrado nada, sino que, cada año que pasa, las cifras se incrementan.

Gobernar desde la oposición

La composición de las Cortes tras las elecciones generales del 26 de junio ha dejado un panorama en el que se puede dar la paradoja de que sea la oposición la que marque el ritmo de legislativo de los próximos cuatro años, y, por tanto, es una gran oportunidad para que la izquierda, tan fragmentada y enfrentada como siempre, pueda gobernar desde la oposición, siempre llegando a acuerdos con otros grupos parlamentarios porque la suma de los dos principales partidos progresistas no da para superar a la del bloque conservador.

Aunque esto ya se pudo haber hecho durante la anterior legislatura, la posibilidad de que Pedro Sánchez fuera investido Presidente del Gobierno y el interés de aquél en paralizar cualquier movimiento interno para que asumiera sus responsabilidades por haber logrado el entonces peor resultado socialista de la historia hicieron que fuera imposible que alguien se planteara algo así. Pedro Sánchez necesitaba ganar tiempo estando en la cresta de la ola y, sobre todo, necesitaba lograr, como fuera, traicionando su propio ADN y por encima de lo que fuera, alcanzar la Moncloa. Por otro lado, la estrategia obstruccionista de Podemos al poner como condiciones para alcanzar un gobierno de coalición cosas que el PSOE no podría aceptar de ningún modo, también ayudó a la falta de acuerdo. Finalmente, la actitud pasiva del Partido Popular, al darse cuenta de que nadie quería ir con ellos a ninguna parte, también ayudó a que esa situación de parálisis nos llevara a un callejón que sólo conducía a unas nuevas elecciones.

Los resultados del 26 de junio nos han llevado a las siguientes conclusiones: Mariano Rajoy es el único con un número de escaños suficientes para poder iniciar conversaciones con el resto de partidos para lograr su investidura. Ahora no puede echarse para atrás. En segundo lugar, el PSOE de Pedro Sánchez ha vuelto a romper su suelo electoral pero sus 85 diputados son fundamentales para lograr la estabilidad que tanto solicitan las élites económicas, financieras y políticas del país. En tercer lugar, Podemos ha sido presa de su propia ambición al plantear estas elecciones del 26J como una segunda vuelta de las anteriores e intentar captar el voto que no pudo captar el 20D porque la campaña se les quedó corta. Ni siquiera la coalición con IU les ha hecho ganar ni un solo escaño, por tanto, con el número de diputados que tiene el PP sus 71 son prácticamente irrelevantes a la hora de formar gobierno (además que el PP ni se va a dirigir a ellos). Finalmente, Ciudadanos va a ser nuevamente la mosca cojonera que va a intentar estar en todas las salsas para no perder cuota de protagonismo aunque los escaños con los que cuentan son insuficientes para lograr investir a Rajoy.

Por tanto, queda claro que el partido clave para que haya gobierno es el PSOE. Sus 85 diputados son fundamentales para que Mariano Rajoy pueda ser Presidente, ya sea por un apoyo a su investidura o por una abstención a la misma para que en la segunda vuelta pudiera alcanzar la mayoría simple. Este papel de los socialistas podría parecer que pudiera llegar a ser positivo para un partido que gracias a la actitud errática de su líder se está descomponiendo y va perdiendo apoyos según van pasando las citas electorales. Sin embargo, no es así porque cualquier camino que adopte el PSOE puede ser negativo de cara a sus votantes. Si los 85 diputados socialistas votaran a favor de la investidura de Rajoy y entraran a formar parte de un gobierno de coalición sería visto como una traición más a su ideario y a sus votantes que, precisamente, depositaron su confianza en Pedro Sánchez para que el PP no volviera a gobernar en este país. Si los 85 diputados socialistas se abstuvieran y permitieran que Mariano Rajoy fuera investido presidente en segunda vuelta también sería tomado como una traición por las mismas razones expuestas anteriormente. Finalmente, si los 85 diputados socialistas hicieran lo correcto y votaran en contra de Rajoy, en caso de que se repitieran las elecciones muchos culparían al PSOE de ser el culpable de esa repetición y, por lo tanto, sería gravemente castigado en las urnas. Estas tres opciones y su retorno negativo son la consecuencia de haber pasado de ser un partido de gobierno a como lo ha dejado Pedro Sánchez, como un partido bisagra.

Evidentemente, si el PSOE decidiera apoyar a Rajoy o abstenerse para que éste sea investido tendría que ser con unas condiciones muy duras y de inmediato cumplimiento:

- Derogación total de la Reforma Laboral
- Derogación total de la Ley Mordaza
- Derogación total de todas y cada una de las leyes que han posibilitado las políticas de austeridad presupuestaria y de los recortes del Estado del Bienestar

- Reforma constitucional según los parámetros socialistas, incluyendo el artículo 135
- Modificación total del mercado de trabajo
- Aplicación maximalista de la Ley de Memoria Histórica

Es evidente que con los resultados logrados por Pedro Sánchez el 26J no se puede aspirar a gobernar y, por lo tanto, el sitio del PSOE está en la oposición. Sin embargo, existe una cuarta vía que requerirá de acuerdos con Unidos Podemos y es gobernar desde la oposición. Esto es posible y sería un modo de ganar apoyos por parte de los ciudadanos. Presentarse ante éstos con un acuerdo de gobierno donde se primen las necesidades de la ciudadanía frente a las demandas de las élites y de las instituciones supranacionales sería el mejor aval para las próximas elecciones generales que, con el mapa parlamentario actual, serán convocadas no más allá de dos años. Por otro lado, obligar a la derecha a aprobar leyes que no se encuentran en su ideario sería un cañonazo a la línea de flotación de los conservadores quienes se verían obligados a tragar con los proyectos de ley de los partidos progresistas o a convocar unas nuevas elecciones. No es ninguna quimera lo que se propone en estas líneas, es una realidad muy viable siempre que los líderes progresistas estén a la altura de las circunstancias y, desgraciadamente, uno por inoperancia y el otro por soberbia, lo pondrán muy difícil.

La Ley Mordaza en el PSOE de Pedro Sánchez

Que el Partido Socialista Obrero Español está en claro deterioro desde que Pedro Sánchez es secretario general es algo obvio sobre todo teniendo en cuenta los resultados electorales en las diferentes contiendas electorales que se han celebrado en nuestro país desde hace dos años. Desde que Pedro Sánchez está a los mandos del PSOE se ha ido de peor resultado a peor resultado hasta llegar a lo acontecido el 26 de junio.

Ante esta situación de desapego de los españoles hacia el partido que los ilusionó durante décadas la dirección no ha hecho más que intentar apuntalar la imagen de su líder en vez de buscar soluciones programáticas e ideológicas que recuperaran parte del apoyo perdido. Una de las estrategias erróneas adoptadas para apuntalar el liderazgo de Pedro Sánchez ha sido la creación de un régimen personalista donde lo que se prioriza es la imagen de aquél sobre todas las cosas y los regímenes personalistas suelen conducir hacia el totalitarismo.

Pedro Sánchez ganó unas primarias legítimamente. Pedro Sánchez fue el vencedor de un proceso de elección del secretario general en la que se daba a los españoles un ejemplo de democracia interna. Nadie duda de la legitimidad de Pedro Sánchez. Sin embargo, su propia actitud egocéntrica han llevado al PSOE a una estrategia en la que lo que prima es su imagen frente a lo demás que es contraria a la propia naturaleza del partido. Ejemplos de ello hemos tenido muchos y algunos nos los da el propio secretario general: la planificación de la campaña del 20D que estaba basada en su imagen y no en un buen programa electoral (digo buen programa porque tenía bastantes carencias a la hora de profundizar en las reformas propuestas), tal y como pudimos comprobar en la foto de 72 metros cuadrados que colocaron en la sede central de la calle Ferraz; el constante «yoísmo» en las declaraciones de Sánchez en vez de utilizar la segunda persona del plural delatan ese egocentrismo; el culto a la personalidad con declaraciones de miembros de su Ejecutiva en las que se ha afirmado sin ningún tipo de rubor que la única opción para el PSOE es «Pedro Sánchez o la nada» dejando cualquier otra opción sin ningún tipo de legitimidad; la falta de respeto a las decisiones tomadas por la militancia en los procesos de primarias cuando los resultados eran contrarios a las intenciones de Ferraz; la creación de una especie de guardia pretoriana de militantes que no aceptan ningún tipo de crítica hacia el secretario general es otro ejemplo de ello; y, sobre todo, la estrategia de purgas hacia militantes, candidatos y pequeños dirigentes que son críticos con Sánchez.

A pesar de que los inicios de la Secretaría General de Pedro Sánchez fueron esperanzadores, sobre todo porque se incidió mucho en la búsqueda de la cercanía con la gente para tener un conocimiento pleno de sus necesidades, el inicio de la precampaña para las elecciones autonómicas y municipales fue el punto de inflexión donde se comenzó a aplicar el modelo de purgas a agrupaciones y federaciones que no se sometían a los dictados de Ferraz. Ciudades como Vitoria, Ávila o Murcia vieron cómo se intervenían los resultados de sus primarias porque quienes las ganaron no estaban en la onda de la Ejecutiva. La representación legal de la dirección federal llegó a afirmar que «las primarias no son más que una distracción para la militancia y sus resultados sólo son válidos si son refrendados por los órganos internos». Es decir, que la democracia interna sólo es válida si sirve para apuntalar a Pedro Sánchez.

Sin embargo, lo que más impacto generó fue la intervención por parte de Ferraz de la Federación Socialista Madrileña y la defenestración del secretario general y del candidato elegido por la militancia. Según César Luena esa medida se tomó porque a Tomás Gómez le iban a imputar por los sobrecostes del tranvía de Parla. Esto generó una reacción lógica por parte de la militancia madrileña que veía que los que no habían podido ganar a Gómez en las urnas, que los que habían guardado su rencor y sus ansias de venganza hacia Gómez durante años, se hacían con el poder sin ningún tipo de democracia interna. En estos días el Tribunal de Cuentas le quitó toda la responsabilidad a Tomás Gómez de esos sobrecostes y, por tanto, Pedro Sánchez debería haber pedido disculpas a quien le apoyó en las primarias y a quien traicionó con el único fin de tomar una medida ejemplarizante hacia otros dirigentes regionales que podrían hacerle sombra de cara a las primarias para la elección de candidato a las generales de diciembre. El mensaje que Sánchez y Luena mandaban era el siguiente: «si os movéis contra el líder, ya sabéis lo que os va a pasar».

Una de las consecuencias de la defenestración injusta de Tomás Gómez fue la apertura de un expediente de expulsión a Martu Garrote, una socialista de las de verdad, por el mero hecho de haber escrito diferentes artículos de opinión en distintos medios de comunicación, en varias tertulias televisivas y en su blog personal que iban en contra de la decisión tomada por Luena y Sánchez, expediente que conculcaba claramente el derecho a la libertad de expresión que todos y cada uno de los españoles tenemos reconocido en la Constitución Española, además de ir en contra de la cultura democrática y de respeto a los derechos humanos del propio PSOE. El viernes pasado ese expediente fue ejecutado y la señorita Garrote ha sido expulsada del Partido Socialista, es decir, ha sido purgada porque no seguía al palmerismo/mamporrerismo obsceno que guía a una pequeña parte de la militancia socialista ni se sometía a las exigencias de culto a la personalidad de Pedro Sánchez impuestas por Ferraz. Por tanto, podemos afirmar que en el PSOE de Pedro Sánchez se está aplicando una especie de Ley Mordaza.

No es casualidad que esta decisión se haya tomado precisamente al día siguiente de que el Tribunal de Cuentas dejara sin responsabilidad a Tomás Gómez de los sobrecostes del tranvía de Parla. En los regímenes totalitarios los reveses se suelen responder con más represión. En el PSOE de Pedro Sánchez ocurre así, como es el caso que nos ocupa. Lo más grave es que el caso de Martu Garrote no es el único, ni tampoco el de Tomás Gómez. Son muchos los militantes que han sido expulsados desde que Sánchez es secretario general por el mero hecho de discrepar en libertad de lo dispuesto por la Ejecutiva. Son muchos los militantes que se han dado de baja antes que darles el gusto de que los echaran. En los diferentes Expedientes de Regulación de Empleo aplicados en las Federaciones socialistas debido a los recortes de recursos derivados de los «históricos» resultados del 20D se ha elegido muy bien a los trabajadores que debían salir del PSOE entre los más críticos con la Ejecutiva. En muchos grupos municipales y autonómicos se han cambiado de liderazgos por el mero hecho de que quienes estaban al frente de los mismos son críticos con Sánchez. Esto son purgas, directas o indirectas, digan lo que digan, se pongan como se pongan. Sin embargo, sólo se atreven con los militantes de base y con pequeños dirigentes porque su liderazgo está cimentado en pilares de barro y saben perfectamente que un ataque directo a un dirigente de alto nivel les debilitaría aún más. Lo intentaron con la defenestración de Tomás Gómez y la jugada no les salió bien porque la crítica interna continuó. Hay un dato importante que César Luena intenta ocultar: desde que Sánchez es secretario general el Partido Socialista ha perdido un 10% de su militancia.

Pedro Sánchez y César Luena han impuesto un régimen autoritario en el PSOE y, como cualquier régimen autoritario, conculcan el derecho a la libertad de expresión de su militancia y, por lo tanto, están aplicando una especie de Ley

Mordaza que más pronto que tarde les pasará factura.

La «paja mental» del PSOE de Pedro Sánchez

La presión que se está ejerciendo sobre el PSOE por parte de los representantes de las élites políticas y empresariales para que, por lo menos, se abstenga para permitir un gobierno en minoría del Partido Popular está siendo insoportable. Los resultados de Pedro Sánchez han vuelto a romper el suelo electoral de los socialistas y, siendo los peores de la historia, les siguen manteniendo como formación imprescindible para que se pueda formar gobierno, ya sea de manera activa con un voto favorable a la investidura de Rajoy, ya sea de forma pasiva, es decir, a través de la abstención en la segunda sesión.

Esta constante presión desde foros políticos, empresariales o periodísticos lo que está haciendo es demostrar que el PSOE está perdiendo (o ha perdido) valores que deberían ser irrenunciables para cualquier socialista. La mayoría de las bases lo entienden así. Digo la mayoría porque hay una parte del partido que por su cerril apoyo a todo lo que haga Pedro Sánchez estarán dispuestos a dar por bueno lo que sea que haga el secretario general, traiciones ideológicas incluidas.

Que el PSOE se encuentra en descomposición por la pérdida de casi 6 millones de votos en apenas cinco años es una realidad que incluso los «pedristas» más acérrimos deben aceptar. Que el PSOE está sufriendo una crisis de identidad ideológica desde la segunda legislatura de Rodríguez Zapatero es algo tan real como que para poder vivir es fundamental el oxígeno. Que el apoyo de los jóvenes está perdido, es una realidad que duele porque da a entender que el PSOE no va a ganar el futuro. Que el socialismo español está viviendo del medio rural (siempre más conservador en su sentido del voto) y que ha perdido la capacidad de ilusionar al medio urbano es también una realidad consecuente con la inadaptación del Partido Socialista a los nuevos tiempos. Lo mismo que le está pasando a toda la socialdemocracia europea.

Si juntamos los catastróficos resultados del 26J a lo afirmado en el párrafo anterior y le sumamos la grave crisis de liderazgo de los socialistas que lleva a no saber adaptarse a lo que los ciudadanos exigen de sus políticos, nos encontramos con un cóctel molotov que puede llevar al PSOE a una espiral de deflación electoral que puede ser la antesala de su desaparición en el medio plazo.

Ya explicamos en anteriores artículos que con sus 85 escaños la posición del Partido Socialista está en la oposición. Eso no implica que se pierda relevancia en el futuro político español, todo lo contrario ya que se está en una posición en la que se podría gobernar desde los bancos rojos puesto que cualquier medida que el Partido Popular quiera aprobar va a necesitar inevitablemente de los votos socialistas. Ahí se encuentra la verdadera responsabilidad y el verdadero papel que debe jugar el PSOE en esta legislatura. ¿Lo harán? Con la Ejecutiva actual se puede esperar cualquier cosa.

Está claro que los desastrosos resultados de Pedro Sánchez han dejado a los socialistas en una posición muy complicada tanto de cara a los ciudadanos como de cara a su propia militancia ya que cualquier decisión que se pueda tomar respecto al futuro va a tener una respuesta negativa. Si vota a favor de Rajoy serán cientos de miles, por no decir millones, los españoles que les den la espalda de manera definitiva. España no es el centro o el norte de Europa donde se ve con normalidad los acuerdos entre la derecha y los socialdemócratas. En este país un apoyo socialista a los conservadores será visto como lo que es, una traición a sus votantes y a su propia militancia. Las consecuencias serán similares si se permite gobernar a Rajoy con una abstención en la sesión de investidura, sobre todo si esa abstención no va acompañada de una serie de contrapartidas que ya compartimos con los lectores en el artículo citado anteriormente y que repetimos a continuación:

- Derogación total de la Reforma Laboral
- Derogación total de la Ley Mordaza
- Derogación total de todas y cada una de las leyes que han posibilitado las políticas de austeridad presupuestaria y de los recortes del Estado del Bienestar
- Reforma constitucional según los parámetros socialistas, incluyendo el artículo 135
- Modificación total del mercado de trabajo
- Aplicación maximalista de la Ley de Memoria Histórica

En el caso de que Pedro Sánchez haga lo que tiene que hacer, es decir, votar en contra de la investidura de Rajoy y ese voto negativo lleva hacia unas terceras elecciones se culpará al PSOE de que no se haya podido formar gobierno, lo que se traducirá, inevitablemente, en otra pérdida de votantes que se encuentran en el nicho desideologizado del centro que sigue confiando en los socialistas pero que puede cambiar el sentido de su voto en cualquier momento.

Ante esta situación se están escuchando voces dentro del propio Partido Socialista que apelan a la responsabilidad de Estado para que la abstención permita un gobierno en minoría de Mariano Rajoy. Quienes lanzan esas llamadas a la abstención son aquellos que, teóricamente, no pintan nada en el partido pero que tienen aún mucha influencia. Quienes están presionando por este lado a Pedro Sánchez son aquellos que piensan más en los intereses del Estado que en los intereses de la ciudadanía y que se han olvidado de que lo que defiende el PSOE en su programa electoral es antitético a lo que representa el PP. Quienes proponen que el PSOE se abstenga son aquellos que han estado tanto tiempo en el poder que se han olvidado de que cada voto con el puño y la rosa depositado es un contrato firmado que obliga a Pedro Sánchez a defender su programa electoral y, como es lógico, en ese programa no existe ningún punto en el que se diga que se podría permitir al PP gobernar, aunque sea en minoría. Hay otros que piden una abstención pactada pero sin llegar a los términos expuestos con anterioridad, lo cual es como entregar el poder a Rajoy a cambio de nada.

Pero la «paja mental» de la militancia «pedrista» y de ciertos dirigentes autonómicos ha llegado al absurdo al postular como una posibilidad válida que Pedro Sánchez se presente a la investidura si Rajoy no la logra. Esto es surrealista sobre todo por el planteamiento que hacen: intentar nuevamente un gobierno a tres con Ciudadanos y Podemos cuando esto ya se ha demostrado que es totalmente imposible por, precisamente, la coherencia demostrada tanto por el partido de Albert Rivera como por el de Pablo Manuel Iglesias al no querer pactar con sus adversarios políticos. Lo que no es coherente es, precisamente, que el PSOE pactara con C's y que lo quiera volver a hacer. Lo malo de todo este runrún es que le están calentando la cabeza a una persona tan pagada de sí mismo como Pedro Sánchez y las consecuencias ya las conocemos porque, si se impusiera esta posibilidad y Sánchez quisiera presentarse a una nueva investidura, intentaría parar nuevamente todos los procesos internos que le llevarán a tomar el camino que debió haber tomado la misma noche del 20D y, de este modo, seguir en una secretaría general interina.

El PSOE está descolocado y en un proceso de desmembramiento que asusta a quienes hemos sido fieles durante décadas al Partido Socialista. Esto sólo se puede parar si nos dejamos de «pajas mentales» y nos colocamos en el lugar donde nos coloció el pueblo español, además de iniciar todos los procesos internos que hagan falta para refundar el partido y adaptarlo a la realidad, una realidad a la que desde hace muchos años parece que se le ha dado la espalda en la misma proporción en que los españoles se la han dado al PSOE.

Sánchez y Rajoy quieren terceras elecciones..., o eso parece

No piensen que esto es una locura o una afirmación sibilina. Todo parece dar a entender que los líderes de los dos principales partidos de este país no tienen muchas ganas de que se forme gobierno porque, según la interpretación de cada uno, el hecho de que la interinidad se mantenga les beneficia, a uno desde un punto de vista de intereses personales, al otro, desde el punto de vista de su partido.

Mariano Rajoy sabe perfectamente que los 137 diputados que tiene el PP son totalmente insuficientes para ser investido presidente y que va a necesitar del apoyo de otras fuerzas políticas. Sin embargo, un partido que se ha caracterizado durante toda su historia por la imposición de sus medidas cuando gobernó o por la negativa al consenso en los tiempos en que estaba en la oposición, tiene muy difícil llegar a algún pacto con otros partidos, cuando no imposible. Por otro lado, ninguna fuerza política tiene intención de acercarse mucho al partido que ha impuesto un régimen de dictadura parlamentaria desde el año 2011 y que gobernó de espaldas a los verdaderos intereses de los ciudadanos depositarios de la soberanía nacional y que legisló en contra de las necesidades reales de aquéllos para favorecer a las élites que les sostienen en el poder. Nadie va a querer ser cómplice de alguien que no sabe dialogar y con una concepción del consenso basada en la sumisión o en el «subirse al barco sin cuestionarse nada».

Mariano Rajoy sabe que nadie quiere pactar con el partido con mayor grado de corrupción de nuestra historia democrática, una corrupción cimentada sobre el hecho de que, al ser herederos de quien son, muchos en el PP piensan que pueden hacer y deshacer con los recursos de todos los españoles lo que les dé la gana porque, al fin y al cabo, creen que son suyos por la gracia de Dios.

Mariano Rajoy y el Partido Popular sufrieron algo que ya le ocurrió a Podemos en la campaña de diciembre: se les quedó corta. Tanto la apelación al voto del miedo que, por un lado, provocaba que muchos decidieran el 26J no votar a Unidos Podemos y, por otro, que cientos de miles que podrían votar al PSOE se quedara en casa por el temor a que Pedro Sánchez llegara a algún acuerdo con Pablo Manuel Iglesias como la apelación al voto útil para que muchos de los votantes que apoyaron a Ciudadanos en diciembre volvieran al nicho electoral del PP, les sirvió para recuperar parte de lo perdido el 20D pero no lo suficiente. Hubieran necesitado unos diez días más de campaña para acercarse a los 150 escaños que les dieran una posibilidad de gobernar en minoría, pero se quedaron en 137 y con esos diputados se plantea un escenario en el que el PP se siente muy incómodo porque le obliga a hacer algo con lo que no están de acuerdo ni con lo que se sienten a gusto: negociar y, sobre todo, ceder.

Por eso Mariano Rajoy está postulándose ante los españoles como candidato a la Presidencia pero con más ganas de que sus negociaciones fracasen a que se configure un nuevo gobierno. Tal vez piensen que este es el modo en que en unas terceras elecciones les puede hacer recuperar lo que no les dio tiempo en junio. Rajoy y su partido saben perfectamente que ninguno de los partidos de la izquierda le va a apoyar por ideología y, sobre todo, porque nadie quiere suicidarse políticamente al permitirle de manera activa o pasiva que forme Gobierno, sobre todo después de las barrabasadas y del daño que ha hecho al pueblo español en la legislatura en la que gobernó con mayoría absoluta. Sin embargo, esa táctica de utilizar esta ronda de negociaciones como el anticipo a una nueva campaña electoral tiene muchos riesgos, tal y como vimos en la anterior con Podemos, pero en Génova piensan que unos terceros comicios provocarán que ese voto útil y del miedo les hará llegar a más de 150 escaños y en esa situación el camino estará mucho más allanado.

La situación del Partido Socialista es diferente. Desde que Pedro Sánchez es secretario general la tendencia del PSOE es la de romper el suelo electoral en cada uno de los comicios convocados. Es como el boxeador que cuando le noquean la primera vez se cae a la lona en todos y cada uno de los combates que pelea cuando recibe un golpe en el mentón. Cualquier líder responsable hubiera presentado su dimisión por el escenario de fracaso constante en que ha instalado a su partido. Que se celebre que no se ha producido el temido sorpasso como un éxito cuando se han perdido votos y otros cinco escaños da mucha pena y, en algunos casos, hasta asco. Sin embargo, el PSOE está en manos de una persona que sólo tiene un objetivo: él mismo.

Pedro Sánchez ha dejado al PSOE en una situación que ya hemos analizado en anteriores artículos, una situación en la que haga lo que haga tendrá consecuencias negativas para el partido o para España. Es lo que tiene convertir a un partido de gobierno en un partido bisagra. Por eso el secretario general tiene los días contados y una persona como Pedro Sánchez no puede permitir eso.

El sector «pedrista» piensa que sólo hay dos opciones de supervivencia para el líder y se van a agarrar a ellas por encima de lo que sea. La primera es intentar formar gobierno junto a Unidos Podemos y Ciudadanos una vez que Rajoy fracase. La segunda es mantenerse en su negativa a que el PP logre formar gobierno (lo único lógico y coherente que ha hecho Pedro Sánchez en dos años) y provocar unas terceras elecciones en enero o febrero de 2017. La primera opción ya se vio que era imposible en la anterior legislatura. Tanto Ciudadanos como Unidos Podemos se han vetado de manera recíproca. La única e improbable salida sería que los de Iglesias renunciaran a todo lo referido al referéndum de autodeterminación de Catalunya y que los de Rivera renunciaran a su programa económico ultraliberal cosa que, como imaginarán ustedes, es imposible. La segunda opción es de una perfidia supina porque antepondría los intereses personales de Pedro Sánchez a los comunes, ya sean de partido, ya sean de España. El sector «pedrista» cree que logrará mantener Sánchez en la Secretaría General si se convocan nuevas elecciones porque, de este modo, se volverán a retrasar todos los procesos orgánicos que ya fueron aplazados en el mes de febrero. El hecho de que quieran mantener por encima de lo que sea al líder más nefasto que ha tenido el PSOE en toda su historia, muy por encima incluso de algunos líderes menores que lo dirigieron durante el exilio, les hace olvidar un hecho importante: el PSOE seguirá perdiendo votos y escaños porque las vías que tiene abiertas tanto en la izquierda como en eso que se ha dado en llamar centro son tan grandes que la fuga de apoyos por parte de la ciudadanía seguirá al mismo ritmo.

Sin embargo, para el PSOE no acaban ahí las locuras que podría emprender Pedro Sánchez con la idea de seguir en el candelero político. Unidos Podemos está planteando una opción en la que se incluirían a los partidos nacionalistas e independentistas y hay un sector dentro del Partido Socialista que tiene mucho miedo de que Sánchez se aferre a esa opción pasando por encima de los órganos del partido y volviendo a poner a la militancia como parapeto convocando una nueva consulta.

¿Iremos a unas terceras elecciones? Es bastante probable, sobre todo si los líderes de los dos principales partidos piensan que es la mejor solución para ellos... y muchas veces da la impresión de que la realidad es así.

«A día de hoy»... Pedro Sánchez me da mucho miedo

En el día de ayer publiqué una columna en la que, en la misma línea que la analista política Martu Garrote en El Socialista Digital, planteaba el hecho de que daba la sensación de que tanto Mariano Rajoy como Pedro Sánchez querían que se celebraran unas terceras elecciones. Tras escuchar la comparecencia del secretario general socialista después de su reunión con el Presidente del Gobierno en funciones es probable que me equivocara en el planteamiento y que el camino que quiere seguir el PSOE en este proceso de investidura esté marcado por la locura y por primar intereses personales a los intereses del partido y de la ciudadanía.

En el artículo de ayer les comentaba que Pedro Sánchez querría que se celebraran elecciones en los primeros meses del año porque de este modo podría seguir retrasando la celebración de los órganos internos en los que, con toda probabilidad, dejará de ser secretario general y que una persona con tanto ego como él no puede permitir que algo tan nimio como cumplir los plazos marcados en los estatutos le quitara de la primera línea de la política.

Por otro lado, en artículos anteriores ya hice mención al hecho de que, haga lo que haga, el PSOE está en una situación muy difícil de cara a sus votantes tras los desastrosos resultados del 26J ya que tanto si permite que gobierne Mariano Rajoy, por activa o por pasiva, como si su falta de apoyo al candidato del Partido Popular nos lleva a esa nueva cita electoral de 2017, es más que probable que pierda aún más votos de los que lleva perdidos desde que Pedro Sánchez es secretario general, 1,5 millones respecto a las generales de 2011, donde el PSOE ya perdió más de 5 millones respecto a 2008. El sector más fanático del «pedrismo» aduce que la situación sociopolítica es muy diferente al 2011, que hay otro partido a la izquierda que resta votos y que hay otra opción por la derecha que limita el nicho electoral de esa cosa que se ha dado en llamar «centro izquierda». Se olvidan al hacer un análisis tan liviano e incompleto que en aquellos años surgió el 15M que llevó a muchos a la abstención y que entonces se vivían los años más salvajes de la crisis tras la explosión de la burbuja inmobiliaria de Aznar, Rajoy y Rato. Lo que queda claro con los resultados de las diferentes citas a las urnas es que la ciudadanía está dando poco a poco la espalda al proyecto socialista y que se va salvando por el voto rural y de los mayores de 55 años que son mucho más «conservadores» a la hora de meter la papeleta en la urna. Una de las razones principales por las que se sigue perdiendo apoyo de la ciudadanía está en la propia figura del secretario general porque, en primer lugar, ha impuesto un régimen personalista en el que o se está con él o se está en su contra y, en segundo lugar, porque el proyecto que se presenta a los ciudadanos, siendo muy válido y de una gran potencia en lo propuesto en el programa electoral queda nublado por los errores gravísimos a la hora de plantear las estrategias de campaña y por el sesgo personalista de la misma. Pedro Sánchez no genera confianza en los españoles a pesar de representar un proyecto de país mucho más potente y mucho más lógico a la hora de aplicarlo que el de sus principales rivales políticos. No es lógico que alguien que se define a sí mismo como «líder» plantee una campaña electoral llorando como Boabdil porque hubo partidos que no le apoyaron en su investidura, una investidura, por cierto, con un programa pactado con la derecha ultraliberal y en el que el Partido Socialista claudicó, que no cedió, en más de un 70% de las medidas acordadas con Ciudadanos. Es lo que hay y el PSOE está recogiendo los frutos de sus errores.

Tanto en el artículo de ayer como, sobre todo, en el anterior ya les mencioné que dentro de las opciones que tiene el PSOE de cara a este periodo hay una peregrina que sólo serviría para llevar a Pedro Sánchez a las portadas pero que sería una verdadera locura: intentar formar gobierno con el apoyo de Unidos Podemos y otras fuerzas políticas. En principio quien les escribe pensó que esa nueva vía sería descartada porque no tenía muchas salidas creyendo que la idea estaba basada en un nuevo intento de llegar a la investidura con un programa pactado con la formación de Iglesias y la de Rivera. Sin embargo, tras la comparecencia de prensa de ayer me dio mucho miedo que el camino que se haya trazado Pedro Sánchez vaya por otro lado conociendo el veto mutuo entre los morados y los naranjas.

Como en todas sus comparecencias a las que quiere dar solemnidad, Pedro Sánchez cogió una coletilla y la repitió hasta el aburrimiento. Recuerden ustedes el «y esto lo podemos hacer la próxima semana» del debate de investidura o «el señor Iglesias hizo imposible la formación de un gobierno de progreso» de la campaña electoral. Ayer cogió otra frase «a día de hoy» y la repitió hasta el hastío. Siempre he pensado —y los hechos me lo han demostrado— que un verdadero líder no puede ceñirse en la repetición léxica para ponderar una idea ya que eso es un modo de demostrar la falta de fuerza del resto del discurso. Al parecer, Pedro Sánchez es de una opinión contraria. El hecho de que repitiera hasta el tedio ese «a día de hoy» para dejar claro el voto negativo a Rajoy en la investidura me dio mucho miedo porque daba a entender que es muy probable que el PSOE cambie de opinión cuando el presidente del Partido Popular fracase y, ese cambio, viniendo de quien puede venir, acojona, permítanme la expresión.

No voy a entrar a analizar lo que podría ocurrirle al Partido Socialista si permite gobernar a Rajoy de modo activo o pasivo. Ya se ha escrito y se hablado mucho de ello. Lo que más miedo me da es que se siga el otro camino, es decir, intentar gobernar. Ya se han encargado los «barones más pedristas» de calentarle la cabeza con que esta opción es posible y si Pedro Sánchez se puede convertir en protagonista no hace falta insistir mucho para que se emocione con la idea y la quiera llevar a cabo. Las sospechas de que ese es la vereda que va a seguir tras el fracaso de Rajoy se confirmaron con otra frase que me puso los vellos de punta: «El PSOE siempre estará en la solución». Evidentemente, esa solución, en la mente de alguien tan pagado de sí mismo con Sánchez, no pasa por investir al presidente del PP sino por ser él quien intente llegar a la Moncloa. Pero, ¿con qué apoyos? Él ya sabe que con Ciudadanos como compañero de viaje eso es imposible. ¿Explorará la opción de seguir la vía que ha propuesto Pablo Manuel Iglesias? Ahora mismo no la descarto.

En este planteamiento, el PSOE de Pedro Sánchez esperará y aguantará la presión que se le va a plantear desde todos los lados posibles para que se abstenga en la segunda sesión de la investidura de Rajoy y, de este modo, hacer que el gallego fracase en su intento de ser elegido como Presidente del Gobierno, es decir, hacerle a Rajoy lo mismo que le hicieron a él en marzo. Esta parte del planteamiento quedó confirmado cuando Sánchez hizo mucho hincapié que había que respetar los tiempos y que ahora era el tiempo de Rajoy. A partir de ahí se le abre la oportunidad de postularse ante el Jefe del Estado como candidato a la investidura. La cuestión es si Felipe de Borbón se deja engañar otra vez como ocurrió en febrero. Pongamos que el Rey le pide que forme gobierno, ¿quiénes serán sus compañeros de viaje si la opción de Ciudadanos queda totalmente descartada porque ahora no es un aliado natural? Pedro Sánchez es muy capaz de llegar a acuerdos con las fuerzas nacionalistas que le darían un total de 178 diputados. ¿Cómo podrá convencer al Comité Ejecutivo de que esta opción es la más fiable? Esgrimirá un argumento que a él le gusta mucho porque antepondrá sus intereses a los de la mayoría, el «o yo o el caos», es decir, o le dejan explorar este camino o hay terceras elecciones, por tanto, que Sánchez se postulará como la única solución para evitar unos terceros comicios, lo que nadie quiere.

Ante esta situación, ¿no tienen miedo? Yo sí.

Francisco Franco Bahamonde: ¡Presente!

El pasado lunes se cumplieron los ochenta años del golpe de Estado contra el régimen político elegido por los españoles en 1931 originando una guerra civil y casi cuarenta años de dictadura fascista en España. El 18 de julio de 1936 un grupo de militares se sublevó contra la República y contra el gobierno legítimo del Frente Popular, como todos ustedes ya saben. Fue lo que el franquismo (y algún dirigente del PP) llamó el «Glorioso Alzamiento Nacional».

No voy a hacer un repaso a lo que ocurrió después de aquel 18 de julio porque, más o menos, todo el mundo lo sabe. En España se instauró una dictadura militar de carácter fascista en la que fueron represaliados cientos de miles de compatriotas, si no contamos con los millones que se vieron obligados a exiliarse si querían salvar su vida. Cárcel, ejecuciones o torturas eran las formas de tratar la discrepancia política por parte del régimen franquista. Todo lo anterior si no contamos con las matanzas indiscriminadas de las tropas nacionales durante la Guerra Civil: Badajoz, Gernika o el asesinato de quienes huían de Málaga a Almería son algunos ejemplos de ello.

Franco murió el 20 de noviembre de 1975 y la resistencia de quienes querían mantener el franquismo tras la muerte del general fue feroz, incluso se intentó prolongar la vida del dictador para mantener en la Presidencia de las Cortes y del Consejo del Reino a Alejandro Rodríguez de Valcárcel. Recuerden ustedes cómo figuras políticas como José Antonio Girón de Velasco, Blas Piñar, José Utrera Molina, Carlos Arias Navarro o José María Fernández de la Vega, por citar algunos, y generales como Iniesta Cano o De Santiago, intentaron hacer valer su influencia para que los planes de Transición no llegaran a buen puerto. Sin embargo, no lo lograron y fueron precisamente las Cortes franquistas las que aprobaron la Ley para la Reforma Política de Torcuato Fernández-Miranda que finiquitaba al franquismo y que abría un nuevo horizonte. Recuerden la portada de Diario16 del 19 de noviembre de 1976: «Adiós dictadura, adiós». Desde entonces hemos vivido en un Estado democrático, con una Constitución que reconoce los derechos y libertades que el franquismo negaba a los españoles y con unas instituciones basadas en el Estado de Derecho. Evidentemente es necesario realizar reformas muy profundas a lo que surgió de la Transición, pero lo que no se puede negar es que en estos años hemos vivido en democracia y en paz.

Sin embargo, no se puede decir categóricamente que el franquismo haya muerto porque aún está muy presente en nuestra sociedad, algo que rechina en una nación democrática. Los delitos cometidos en su represión fueron de tal gravedad que pueden ser calificados de lesa humanidad por lo que no prescriben y están por encima de las leyes de los países. Pero en España en vez de hacer lo que se hizo en Alemania juzgando a los responsables de tales atrocidades, se les protege con la excusa de la Ley de Amnistía de 1977, un texto legal que no es otra cosa que una ley de punto final, un «aquí paz y después gloria», olvidándose del dolor de las víctimas. Recuerden ustedes que España ha sido condenada en varias ocasiones por la desprotección a las víctimas y por el obstruccionismo legal del Gobierno a que se acometan las acciones jurídicas que corresponden a cualquier delito de lesa humanidad. No obstante, esto no es todo. En nuestro país aún hay miles de vestigios que homenajean al franquismo. Son miles las calles dedicadas a generales de la Guerra Civil que no fueron otra cosa que verdaderos carniceros y que no dudaron en asesinar a miles de personas por el mero hecho de que pensaban de forma diferente a la suya. ¿Recuerdan aquella frase de Emilio Mola? «Sembrar el terror... eliminando sin escrúpulos ni vacilación a todos los que no piensen como nosotros». Este señor tiene cientos de calles dedicadas a él, del mismo modo que la tienen el propio Franco (con todos sus títulos), Yagüe (el principal responsable de la matanza de Badajoz) Muñoz Grandes (quien dirigió a la División Azul, el cuerpo de ejército español que luchó en la Unión Soviética dentro del Ejército nazi) o Queipo de Llano (el principal responsable de la represión en Andalucía). Pero no es sólo el callejero. En España hay miles de monumentos en homenaje a los mártires de la Cruzada, a los Caídos por Dios y por España, y un largo etc. En un país serio y respetuoso de los valores que defiende la democracia cualquier referencia al franquismo ya habría sido eliminada del mapa y se habría puesto del lado de las víctimas. Para ello el Gobierno de José Luis Rodríguez Zapatero aprobó la Ley de Memoria Histórica, una ley que el Partido Popular ha obviado de manera deliberada lo que, en derecho, es un delito de desobediencia dolosa.

En este 80 aniversario del Golpe de Estado hemos sido testigos de cómo el franquismo sigue muy vivo en nuestra sociedad. No se trata sólo de unos cuantos viejos nostálgicos o de unos cuantos jóvenes ignorantes que no tienen ni idea de lo que significa una dictadura porque ellos han crecido en un régimen democrático. Lo peor es que desde las instituciones, sobre todo desde las que están al mando del Partido Popular, no sólo se ponen todas las barreras posibles al cumplimiento de la Ley de Memoria Histórica, sino que se llega a homenajear a Franco y a su régimen. Los ejemplos se cuentan por miles. Hemos visto a miembros del Gobierno (Delegación de Gobierno) entregando placas en homenajes a la División Azul; hemos visto a ediles del PP con sus despachos llenos de retratos de Franco y de José Antonio Primo de Rivera; hemos visto cómo el propio Partido Popular ha humillado a las víctimas del franquismo con su no reconocimiento y su oposición al cumplimiento de la Ley de Memoria Histórica. Hemos visto cómo se han permitido manifestaciones fascistas de exaltación del franquismo y del nazismo o cómo en actos oficiales se han mostrado símbolos y banderas de esta ideología. Somos testigos de cómo existe una fundación encargada de velar por el legado del dictador y de que esta fundación es legal y recibe subvenciones públicas. Son tantos los ejemplos que me quedaré ahí pero todos tenemos en la mente muchos más de los citados.

Caso aparte lo encontramos en la Iglesia. Todos los años son frecuentes las noticias de cómo se realizan misas de homenaje a Franco y donde se hacen referencias a la Cruzada o al Glorioso Alzamiento Nacional o, y esto es más grave, se hacen llamamientos para que el régimen franquista vuelva a ser instaurado. ¿Se imaginan ustedes que se celebrara una misa de homenaje a Hitler o a Himmler en la catedral de Colonia? No, ¿verdad?

Todas esas cosas ocurrieron el pasado lunes con el agravante de la emisión en RTVE de una película de propaganda franquista, El santuario no se rinde, un film donde se enaltece la labor de las tropas nacionales durante el asedio al Santuario de Santa María de la Cabeza. De esto a emitir Raza o Sin novedad en el Alcázar hay sólo un paso. ¿Se imaginan ustedes que la televisión pública alemana emitiera El judío Süβ? Claro que no.

El lunes pasado vimos ejemplos suficientes de cómo Francisco Franco Bahamonde aún sigue muy vivo en la sociedad española. ¿Es esto normal?

¿Y por qué no?

Pedro Sánchez ha vuelto a generar alarma por dejar bien claro que no renuncia a la Moncloa a pesar de tener sólo 85 escaños, a pesar de ser el responsable principal de que el Partido Socialista haya dejado de ser un partido de gobierno para convertirlo en un partido instrumental, lo que se suele llamar un «partido bisagra». El cambio de su estado de Whatsapp pretendía dejar una enigmática frase, «¿Y por qué no?», un enigma que no es tal si se conoce la trayectoria del secretario general. Ya comentamos en algunos artículos anteriores que no era del todo descartable que Pedro Sánchez pretendiera presentarse a la investidura si Rajoy no lograba los apoyos suficientes y que esa solución era una locura. Los hechos aún no han confirmado nuestras sospechas pero la preparación del terreno que se está llevando a cabo desde las posiciones más «pedristas» del PSOE da pie para pensar que va a ser así, que el peor secretario general del Partido Socialista va a tener el valor (por lo no decir otra cosa) de volver a intentar ser investido Presidente del Gobierno con un pacto imposible porque, y esto tiene que quedar bien claro, es la única posibilidad que tiene de seguir en la primera línea, de sobrevivir políticamente.

Pedro Sánchez dejó de ser un valor activo de nuestra política hace ya mucho tiempo. Su gestión del partido demuestra que no es un líder adecuado para llevar a efecto las necesidades de los ciudadanos. Su pretendido liderazgo, que no es tal, está basado en él mismo, en nada más que él mismo y, por tanto, su pretensión de volver a intentar llegar a la Moncloa es más propia de un iluminado que de un político responsable. Es la huida hacia delante de quien sabe que su tiempo ha pasado. Este personalismo está teniendo las derivas que la historia ha ido demostrando que suelen llevar estas actitudes. El PSOE de Pedro Sánchez está más dividido que nunca y eso que los socialistas no se han caracterizado nunca por tener una unidad clara con ninguno de sus líderes. Esta lícita discrepancia histórica del Partido Socialista ha sido uno de los pilares sobre los que se asentó su fortaleza. Sin embargo, Pedro Sánchez ha transformado esta diferencia de opiniones en un «o conmigo o contra mí» o en un «o yo, o la nada» y eso se nota en cómo una parte de la militancia no se corta un pelo en insultar a los dirigentes críticos o a quienes ponemos en negro sobre blanco las miserias del secretario general. En los últimos días he leído cómo militantes «pedristas» llamaban «gorda», «paleta» o «analfabeta» a Susana Díaz o «cojo de mierda» a Eduardo Madina. El personalismo en política deriva siempre en un culto a la personalidad que viene con el autoritarismo bajo el brazo. La historia demuestra que es así y el modo en que Pedro Sánchez ha gestionado el partido desde el mes de enero de 2015 ha llevado una buena cantidad de actitudes autoritarias a sus espaldas. Un ejemplo lo deja claro: ningún secretario general ha abierto tantos expedientes de expulsión del PSOE como Pedro Sánchez y, casualmente, todos esos expedientes han sido ejecutados en militantes críticos con su gestión, militantes que no han hecho otra cosa que ejercer el derecho a la libertad de expresión que le reconoce la Constitución.

El lunes por la tarde estuve tomando un café con un militante socialista con más de 25 años de carnet. Siempre fue un defensor de Sánchez y reconoce que le votó en las primarias. El resultado de esta conversación me escandalizó porque me hizo ver cómo los «pedristas» están confundiendo, de buena fe, la lealtad con otra cosa que raya lo contrario a lo que quieren defender. Este militante afirmaba que el PSOE no debe votar favorablemente ni abstenerse si Rajoy se presenta a la investidura, cosa en la que estoy totalmente de acuerdo con él, con matices, como explicaré más adelante. Sin embargo, ese «no» a Rajoy no estaba fundamentado en criterios ideológicos sino en la defensa de que una vez que Rajoy fracasase se abría la puerta a que Sánchez fuera Presidente del Gobierno. Yo le hice una pregunta: «Entonces, sabiendo que la posibilidad de unir a Podemos y a Ciudadanos en un pacto es nula, ¿estarías de acuerdo en pactar con Iglesias no sólo la investidura sino su entrada en un gobierno de coalición con vicepresidencia y ministerios para los podemitas, un gobierno apoyado por los nacionalistas y los independentistas saltándose lo dispuesto por el Comité Federal?». Su respuesta me dejó helado: «Claro que sí. Lo importante es que Pedro sea presidente. Si hay que saltarse lo que diga el Comité, se hará con el apoyo de la militancia en una consulta porque la militancia está con Pedro». Lo importante es que Pedro sea presidente, no el PSOE, Pedro. Los «pedristas» han llegado a un punto de sectarismo bienintencionado en el que el diablo Iglesias se ha convertido ahora en el mejor aliado, en el que si hay que pactar con quien sea para que Sánchez sea presidente, se pacta, en el que si el Comité Federal dictamina una cosa debe ser la militancia quien haga de parapeto para que los órganos del partido no sean un obstáculo a los intereses personales de Pedro Sánchez.

Me parece muy bien la postura de no apoyar ni activa ni pasivamente a Rajoy por parte de Pedro Sánchez. Es lo correcto. Sin embargo, utilizar ese acierto como trampolín para relanzar la candidatura del secretario general a la Presidencia del Gobierno es una temeridad. Ya he escrito en este diario que la posición en que Sánchez dejó al partido tras el 26J es muy complicada porque haga lo que haga alguien le culpará de algo. Manteniendo esa negativa la estrategia debería haber sido otra muy diferente. Teniendo en cuenta que el PP está queriendo una adhesión a su proyecto ofreciendo pequeñas modificaciones a las leyes más controvertidas del mismo modo en que los conquistadores ofrecían espejos a los indios americanos, el PSOE debió ser inteligente y haber presentado algún tipo de documento en el que se pusieran las condiciones por las que los socialistas se podrían abstener, nunca votar a favor:

- Derogación total de la Reforma Laboral
- Derogación total de la Ley Mordaza
- Derogación total de todas y cada una de las leyes que han posibilitado las políticas de austeridad presupuestaria y de los recortes del Estado del Bienestar

- Reforma constitucional según los parámetros socialistas, incluyendo el artículo 135
- Modificación total del mercado de trabajo
- Aplicación maximalista de la Ley de Memoria Histórica

El hecho de presentar unas condiciones justas que se adecúan al programa electoral y al ideario socialista y que serían rechazadas por el PP harían que la ciudadanía comprendiera que, en caso de que se convocaran unas terceras elecciones, el PSOE fue proactivo y estaba dispuesto a llegar a acuerdos y, por tanto, no tendría responsabilidad alguna en la repetición electoral y trasladaría esa carga a otros.

No obstante, el PSOE no está haciendo nada. Está esperando a que otros se muevan. El propio Pedro Sánchez está desaparecido y en una persona que disfruta tanto de ser el protagonista ese perfil bajo da que pensar. Por otro lado, el propio Pablo Manuel Iglesias también ha desaparecido del foco mediático y también da que pensar. ¿Estarán pergeñando una estrategia común? Lo veremos en los próximos días pero el «¿Y por qué no?» del estado de Whatsapp de Sánchez da que pensar que no es descartable que se presente a la investidura.

¿Decir «no» a Rajoy es decir «no» al Jefe del Estado?

Fernando Martínez Maíllo, el vicesecretario de Organización del Partido Popular, en una entrevista concedida a la Cadena Ser, ha declarado que «Ahora no sólo le van a decir que no a Rajoy, le van a decir no al Rey». Por tanto, el Partido Popular piensa que el hecho de que el resto de partidos que no van a apoyar a Mariano Rajoy en la investidura es lo mismo que si despreciaran la voluntad del Jefe del Estado. Esto es muy grave, señores lectores, muy grave, aunque no debería sorprendernos teniendo en cuenta el historial de desprecio hacia nuestras instituciones y hacia nuestras leyes que el PP tiene en su haber.

Hay que tener en cuenta un hecho que es capital: el origen político del Partido Popular. Por mucho que quieran vender a los ciudadanos que ellos representan el «centrismo» de UCD, los orígenes políticos del PP se encuentran en la Alianza Popular que fundó Manuel Fraga junto con ex ministros franquistas: Cruz Martínez Esteruelas, Federico Silva Muñoz, Licinio de la Fuente,

Laureano López Rodó, Enrique Thomas de Carranza y Gonzalo Fernández de la Mora. Los «siete magníficos» se les llamó en la época. En sus actos fundacionales y en las comparecencias de prensa de presentación de Alianza Popular, Fraga dejó muy claro que ellos representaban a sectores del franquismo que, de no haber existido Alianza Popular, podrían buscar soluciones en la extrema derecha. Muchos dirigentes de AP se opusieron a la Constitución y pidieron el voto negativo en el referéndum. José María Aznar fue uno de ellos, como se puede ver en las hemerotecas. El actual Partido Popular afirma sin rubor que ellos son herederos de la Unión de Centro Democrático de Adolfo Suárez, cosa que es mentira, ya que UCD nació del Partido Popular fundado por José María de Areilza y por Pío Cabanillas y que nada tenía que ver con la Alianza Popular de Fraga. Por tanto, el origen del PP se encuentra en lo que en la Transición se llamó «franquismo sociológico» y, como tal, lo demuestran en su modo de gobernar y en su modo de entender el respeto por el Estado de Derecho y de las instituciones democráticas.

Esta falta de respeto la hemos visto en tantas ocasiones en que el PP ha gobernado el país, las Comunidades Autónomas o los Ayuntamientos que ya nos parece casi normal, cuando no debería serlo. El modo de gobernar en las legislaturas en que han tenido mayoría absoluta en el Parlamento se acerca más al autoritarismo que a otra cosa. Han pervertido la separación de poderes convirtiendo las Cortes en un mero notario de lo que dictaba el Gobierno, es decir, que el Poder Legislativo estaba al servicio del Poder Ejecutivo cuando, en realidad, debería ser al revés. Han aprobado leyes y reformas que iban en contra de las necesidades y los intereses reales de los españoles para favorecer a las élites que les sustentan del mismo modo en que Franco lo hizo en los casi cuarenta años de dictadura. Han derogado de facto libertades que en cualquier Estado democrático son indiscutibles con la Ley Mordaza o con la persecución a la libertad sindical. Han aprobado leyes y reformas que se están demostrando día a día que son inconstitucionales. Han creado una red clientelar de corrupción en todas las instituciones que han gobernado, del mismo modo en que Franco permitía la corrupción para tener contentos a quienes podían ser sus adversarios. El último ejemplo lo tenemos en las tasas judiciales de Gallardón, pero hay muchos más. Implementaron un régimen de dictadura parlamentaria con la aplicación del famoso «rodillo».

El último caso de «ciscarse en la Constitución» lo vimos con el modo en que quiere Mariano Rajoy su investidura, aceptando el encargo del Jefe del Estado pero condicionando la celebración de la Sesión de Investidura a si tiene o no tiene los apoyos suficientes de los grupos parlamentarios. Realmente, el Partido Popular no se ha enterado aún de que la situación ha cambiado y que lo que ellos pretenden, una investidura a cambio de nada, es imposible porque nadie quiere subirse a un barco que tiene la línea de flotación podrida, que es el responsable principal de la crisis social que hay en este país. El PP quiere la sumisión total de sus adversarios políticos y que le apoyen para continuar gobernando del mismo modo en que lo han hecho siempre: imponiendo y matando el consenso. Si Rajoy ha aceptado el encargo del Jefe del Estado tendrá que asumir esa responsabilidad y no esperar a que el Parlamento le aclame.

Lo afirmado por Fernández Maíllo es un reflejo de ese sentimiento de posesión del poder por la gracia de Dios. Afirmar que decir «no» a la investidura a Rajoy es decir «no» al Jefe del Estado es pretender que el Congreso actúe como lo hacían las Cortes franquistas en las que votar «no» a cualquier medida que se planteara era decirle «no» a Franco. ¿No estamos en la misma situación que en marzo cuando Pedro Sánchez se presentó a la investidura? ¿Acaso entonces el «no» de Rajoy no fue decirle «no» a Felipe de Borbón? Evidentemente, para la mentalidad «pepera» el caso no es el mismo, entonces sí que se podía rechazar la investidura del secretario general socialista.

Votar «no» a Rajoy no es despreciar al Jefe del Estado. Votar «no» a Rajoy es ser coherente con el propio sistema democrático.

La recuperación del empleo: España recupera la figura del «semiesclavo»

En la última semana se han hecho públicos los datos de empleo de España, tanto de la Encuesta de Población Activa como de Paro Registrado. Ambos datos han sido positivos si nos centramos en los números totales ya que en los dos registros el número de desempleados se ha reducido. Ante estos datos totales la prensa afín al Partido Popular, es decir, la totalidad de la escrita y una parte importante de la digital, lanzaron su campaña de elogios a la política laboral del Ejecutivo conservador olvidándose de citar factores que tiñen de negro la euforia de los datos totales y que demuestran que el mercado laboral español está basado en la precariedad, en los salarios miserables y en las situaciones de semiesclavitud que tienen que vivir los españoles a la hora de acceder a un empleo.

Hay que tener en cuenta un hecho importante: estos datos tan «positivos» vienen generados por sectores empresariales caracterizados por la precariedad, la temporalidad y la explotación. Los trabajadores españoles están en una situación de emergencia tal que cogen cualquier empleo, por el tiempo que sea y dando las horas que hagan falta con tal de tener algún tipo de ingreso. Por otro lado, estos datos positivos vienen de la mano de todos los sectores empresariales relacionados con el turismo, la principal industria de nuestro país, una industria sobre la que es insostenible mantener el mercado laboral por su estacionalidad y por la precariedad del empleo que genera, por no hablar de los constantes casos de fraude laboral o de la explotación a la que se somete a los trabajadores: contratos por horas o contratos con un número de horas inferior a las que realmente se trabajan sin que esas horas extras sean remuneradas. Está claro que la contratación en estos sectores se dispara durante las épocas vacacionales pero también es una obviedad que se trata de empleos que tienen fecha de caducidad, independientemente del tipo de contrato que se firme.

El objetivo del Gobierno respecto al empleo está claro: potenciar un mercado laboral basado en la precariedad con tal de maquillar las cifras de desempleo que les sirvan para evitar las críticas de las instituciones supranacionales que ponían el acento en que los datos macroeconómicos eran buenos pero que estaban lastrados por la alta tasa de desempleo de nuestro país, lo que reforzaba la idea de que las reformas del mercado laboral impuestas por el Partido Popular no servían para generar empleo sino, más bien, para crear un mercado del trabajo similar al de la época de entreguerras.

Todos los partidos políticos, salvo el PP, denuncian que el empleo que se crea en España es una añagaza, un engaño con el único fin de que las cifras absolutas afirmen que en nuestro país se crea empleo, que la recuperación está llegando a los hogares. El Partido Popular llegó al Gobierno prometiendo empleo para todo el mundo. Ellos eran los salvadores de España y de los españoles. Ellos nos iban a sacar de la crisis apenas Rajoy tomara posesión, ya que ellos ya lo hicieron cuando gobernaron con Aznar. ¿Por qué no lo iban a hacer de nuevo? El problema que se encontraron fue una situación totalmente distinta, una situación de recesión económica, un sistema bancario ahogado por las deudas contraídas con entidades extranjeras o con el BCE durante la burbuja inmobiliaria y una tendencia de crecimiento del desempleo provocado por la sangría de trabajadores del sector construcción y sectores satélites a ésta. Ya no había construcción para poder crear un crecimiento de la contratación en corto plazo. El PP se encontró con las consecuencias del monstruo que crearon Aznar y su gobierno desde 1996.

Por otro lado tenían la presión de la Troika para ejecutar recortes en base al cumplimiento del déficit público. Rajoy hizo lo que a nivel de calle se llama bajada de pantalones. Dejó de lado la soberanía y la independencia de España en manos de Alemania y la Troika. Hizo lo que le decían que tenía que hacer porque él y su gobierno no conocen ningún tipo de medida para acabar con el desempleo en España que no sea el ladrillo. Le pidieron una reforma laboral para rebajar costes y flexibilizar el mercado laboral y la hicieron.

La principal consecuencia de la Reforma Laboral fue un incremento del paro hasta superar la barrera de los seis millones de desempleados según la EPA y los cinco millones según el INEM. Otra consecuencia fue la creación de un mercado de trabajo basado en la precariedad. Estos datos son para vanagloriarse y para estar contentos, tal y como no han parado de ensalzar Rajoy, De Guindos, Montoro o Báñez con su frase de argumentario «ya se ven los efectos de la Reforma Laboral». La verdad es que los datos de destrucción de empleo de calidad y del aumento de la precariedad son suficientes para que un Gobierno serio hubiera dimitido. Pero no es así. La precariedad, la explotación y la situación de semiesclavitud de los trabajadores españoles son tomadas por el PP como una razón para sentirse orgullosos de su gestión porque le maquillan las cifras.

El Partido Popular impuso su Reforma Laboral, legalizando el despido libre y la posibilidad de los empresarios de eliminar puestos de trabajo en base a pérdidas futuras, pérdidas que, como se está demostrando en algunos casos, no perjudica los márgenes de beneficios de empresas que han realizado EREs o ERTEs. No hay soluciones, no hay medidas para generar empleos de calidad.

Otra de las respuestas de argumentario genovés para rechazar que el empleo que se crea en España esté más próximo al de la Revolución Industrial que al de una sociedad del siglo XXI es que el número de los contratos indefinidos firmados está aumentando. Tal vez sea cierto. Sin embargo, la precariedad del empleo no viene determinada por la tipología contractual sino por la duración de las jornadas, porque un empleo a media jornada conlleva unas condiciones salariales que hacen imposible al trabajador tener una vida digna. No obstante, también el hecho del incremento de los contratos indefinidos es también una mentira más de la propaganda del PP y de los medios de comunicación que viven de la sopa boba que reparten en Génova 13. Sólo un 7% de los contratos que se firman en España son de carácter indefinido y de ese 7% sólo el 2% son de 40 horas semanales. Ante estas cifras, ¿cómo se puede tener la poca vergüenza de afirmar que en España se crea empleo? Lo que se está haciendo es manipular las cifras que deberían ser con la contratación a tiempo parcial y con los contratos temporales.

Hay una cifra que es demoledora respecto a la realidad del mercado laboral español. Según los datos de paro registrado en el mes de julio se firmaron 1,8 millones de contratos y el desempleo bajó tan sólo en 83.993 personas. Es decir, que se han producido 1.732.278 de rescisiones contractuales. Un sistema laboral que necesita de 1,8 millones de contratos para generar sólo 83.993 empleos netos es un sistema que está podrido por la precariedad, la temporalidad y la explotación.

Bloqueo: del chantaje de Rajoy a la miopía política de Pedro Sánchez

Según la Real Academia de la Lengua «bloqueo» significa «acción de bloquear» y una de las acepciones de «bloquear» es «dificultar, entorpecer la realización de un proceso». ¿Está bloqueado nuestro país desde un punto de vista político? Es evidente que sí pero, ¿quién es el principal responsable de ello? ¿Qué están haciendo nuestros líderes para terminar con esta interinidad? ¿Cómo están reaccionando los partidos ante una situación inédita en nuestra democracia?

Por un lado tenemos la actitud del Partido Popular y de Mariano Rajoy. Dentro del estilo «mariano» el PP está actuando como suele: dejar pasar el tiempo para que los demás se autoinmolen para sacar réditos. Sin embargo, en esta ocasión están tensando demasiado la cuerda sobre todo por la presión insostenible e indecente que están ejerciendo sobre el Partido Socialista para que apoye de manera directa o indirecta la investidura de Mariano Rajoy. Se trata de una presión que viene desde todos los ángulos imaginables, desde todos los sectores. Se trata de una presión que está rozando peligrosamente el chantaje. El mismo presidente en funciones lo dejó claro en una comparecencia de prensa en la que afirmó sin ningún tipo de rubor que o le investían a él como presidente o habría terceras elecciones, es decir, el «o yo o el caos» tan propio de las derechas o de los regímenes autoritarios. No obstante, el PP está queriendo que el PSOE se abstenga o le apoye en la sesión de investidura a cambio de nada porque los puntos que ha puesto sobre la mesa para negociar no incluyen ninguna de las reformas que su gobierno impuso a los españoles y que tanto daño han hecho a los ciudadanos. Con esta posición, ¿cómo pretenden los conservadores atraer al menos el interés de los socialistas? Lo están haciendo a través del chantaje más bastardo: «si el PSOE no permite gobernar a Rajoy, habrá terceras elecciones»; «si el PSOE no se abstiene la economía se resentirá»; «si el PSOE no se abstiene...». De este modo están intentando que la opinión pública se ponga en contra de los socialistas y la presión pase de las élites beneficiadas por las políticas del PP a la presión de la calle. Este chantaje, además, está siendo alentado desde la prensa afín, es decir, toda la prensa escrita y los grupos mediáticos conservadores.

Las presiones para que el PSOE se abstenga y propicie que Mariano Rajoy vuelva a presidir el Gobierno de España vienen de todos los sectores imaginables e inimaginables. Es evidente que aquellos que se han beneficiado de las políticas económicas y la eliminación de la protección social de la ciudadanía para favorecer los intereses privados quieren que nada cambie y que se conforme un gobierno del PP y la franquicia del tea party en España. Por tanto, es lógico que las élites empresariales y económicas busquen la abstención socialista. Lo mismo ocurre con las élites religiosas. Todo ello, claro está, «por el bien de España». Sin embargo, el pasado mes de marzo Pedro Sánchez se presentó a la investidura con un pacto con la franquicia del tea party en España y nadie presionó al Partido Popular para que se abstuviera para investir al secretario general socialista «por el bien de España». Está claro que en este país el bien del mismo sólo es posible si gobiernan las derechas. No estoy justificando el «pacto de la vergüenza» entre PSOE y C's, bien lo saben los lectores, sólo hago mención a una situación muy similar ocurrida hace apenas cinco meses. Nadie pidió la inmolación política del Partido Popular, nadie les pidió a los conservadores que se suicidaran políticamente «por el bien de España», ni el propio

PSOE lo hizo porque era lógico que el PP votara en contra de un socialista. Ahora esas élites y los voceros mediáticos sí que lo hacen.

La presión sobre los socialistas se está volviendo insostenible pero Pedro Sánchez la está aguantando bien. Me parece muy lógico el «NO es NO». Un partido centenario, un partido que ha sido el responsable de la implementación del Estado del Bienestar en este país, no puede ser cómplice de quien lo quiere destruir o de quien lo está destrozando. Sin embargo, hay algunos dentro del propio PSOE que no entienden esto, que el tiempo que han estado en el poder o con cargos de responsabilidad les han separado tanto de la realidad de este país que no se dan cuenta de que lo que ellos piden, es decir, la inmolación del Partido Socialista por «el bien de España» es el fin del socialismo español. Hay que tener en cuenta que esos personajes que fueron importantes hace años se han alejado de tal manera de la ciudadanía por su estancia en el poder que ya no ven la realidad política desde los ojos de lo que la ideología socialista supone sino desde los intereses de las élites que rodean a quienes detentan el poder. Felipe González, Alfredo Pérez Rubalcaba, José Bono y tantos otros que están pidiendo la abstención socialista han pasado tanto tiempo en el poder que se han olvidado de que el PSOE es un partido que debe estar junto a las víctimas de las políticas del PP y no con quienes se han beneficiado de ellas. Lo que ellos están pidiendo es dar un aval a esas políticas y eso es inaceptable y bochornoso. El posicionamiento junto a quienes están presionando a Pedro Sánchez para la abstención de estos antiguos dirigentes hace mucho daño al PSOE porque alienta a las élites a aumentar dicha presión para ver si la fruta cae de madura. Hasta ahora la Ejecutiva socialista ha aguantado bien pero...

Por otro lado, está la actitud de Pedro Sánchez que demuestra una vez más su falta de visión política, su falta de liderazgo y la ausencia absoluta de estrategia política causada por su propia inoperancia. Cerrarse en el «no es no» me parece bien. Jamás hay que apoyar a un partido conservador. Por eso mismo a quien les escribe le pareció una perversión ideológica el pacto con la franquicia del tea party en España. Sin embargo, esta cerrazón puede ser negativa para los socialistas sobre todo si se llegaran a convocarse unas terceras elecciones porque todo el mundo culparía al PSOE de la nueva cita electoral y en un país como el nuestro en que la gente está un poco hasta las narices de la falta de diálogo de los cuatro principales partidos la factura que el pueblo le pasaría al Partido Socialista podría ser muy elevada, podría convertir la catástrofe de los resultados de Pedro Sánchez en el verdadero apocalipsis, sobre todo en esa parte del electorado socialista que no tiene una lealtad ideológica bien cimentada, es decir, el votante de esa cosa a la que se ha llamado centro y que bien podría apoyar otras opciones.

La semana pasada, el director de La mar de Onuba, Perico Echevarría, un socialista de los de verdad, escribía en Diario16 un artículo titulado «La abstención como oportunidad para el liderazgo de Pedro Sánchez», un artículo donde hacía una propuesta que tiene una lógica irrefutable: pactar una abstención condicionada al cumplimiento de una serie de puntos. Tal y como está la situación esta podría ser una salida digna para el PSOE por una razón muy sencilla: Pedro Sánchez se quitaría de encima el sambenito de que si hay terceras elecciones la culpa sería de los socialistas por su inmovilismo. En un momento como el actual, con los resultados de las elecciones del 26J y donde por culpa del secretario general socialista el PSOE ha pasado de ser un partido de gobierno a un partido bisagra quitarle la iniciativa a Rajoy es un movimiento estratégico que pondría a los socialistas en una posición de poder. Presentar al PP un documento con las condiciones que aceptaría el Partido Socialista para una abstención en la investidura de Rajoy, un documento en el que se planteara la derogación de la reforma laboral, de la Ley Mordaza o de la LOMCE, donde se dejara claro que la sanidad y la educación tienen que tener un mínimo 15% del PIB asignado en los Presupuestos Generales del Estado, donde se exigiera la devolución de la sanidad universal, la creación de políticas activas para la creación de empleo digno, de empleo de verdad y no de puestos de trabajo semiesclavos, un documento donde se exigiera la implementación de una renta mínima igual al Salario Mínimo Interprofesional y la subida de éste a los 900 euros a lo largo de la legislatura, donde se planteara el blindaje de las libertades civiles o de los puntales básicos del Estado del Bienestar, donde se abogara por la reducción de la jornada laboral a 35 horas semanales o donde se reformara el sistema territorial hacia el modelo federal y la financiación de las Comunidades Autónomas sería un buen movimiento estratégico que dejaría la iniciativa en manos de los socialistas. En caso de que el PP no aceptara este documento el culpable del bloqueo ya no sería el Partido Socialista sino el propio partido conservador español. En caso de que el Partido Popular aceptara estas condiciones el PSOE no quedaría como quien ha pactado con los conservadores sino como el partido que provocó que éstos rectificaran e hicieran una política pensando en las personas y no en las cifras macroeconómicas.

Sin embargo, Pedro Sánchez no hará eso porque no tiene capacidad política suficiente para ver eso. Es mejor quedarse parado en el «no es no» y esperar a que Rajoy se estrelle para luego... ¿qué? ¿Presentarse como opción de gobierno junto a los nacionalistas y los independentistas? ¿Ir a unas terceras elecciones en las que el PSOE sería presentado ante los españoles como el culpable de los nuevos comicios? La miopía del secretario general del PSOE es casi tan grave como su falta de carisma y liderazgo. Ahora tiene la oportunidad de mover ficha para presentarse ante los españoles como una formación política que sin traicionar su ideología no quiere que el bloqueo siga. Sin embargo, entre el chantajismo de Rajoy y quienes le rodean y la miopía política de Sánchez, nuestra política seguirá bloqueada. ¿Qué hemos hecho los españoles para tener líderes tan mediocres?

Pedro Sánchez: el enemigo público número uno

Parece ser que el enemigo público número uno en España no es un terrorista del Daesh ni un capo de la mafia rusa que vive a todo tren en Marbella. En nuestro país el enemigo público número uno es el Secretario General del Partido Socialista Obrero Español por su coherencia a la hora de negarse a ser cómplice de que Mariano Rajoy vuelva a ser Presidente del Gobierno en las condiciones en que el Partido Popular pretende que sea investido: a cambio de nada.

Las presiones que está recibiendo Sánchez para que se abstenga vienen de todos los lados posibles: de la patronal, de la Iglesia, de los partidos de la derecha española, de la prensa y, lo que es más grave, de antiguos dirigentes socialistas que piensan más en lo que se ha dado en llamar «responsabilidad de Estado» y que no es otra cosa que favorecer los intereses de quienes se han beneficiado de las medidas adoptadas por el gobierno del Partido Popular y que tanto daño han hecho al ciudadano de a pie. Todos aquellos que están pidiendo la abstención del PSOE dicen que lo hacen porque el partido del puño y la rosa es lo contrario al populismo de Podemos o porque sabe lo que es gobernar y las cesiones que hay que hacer cuando se está en el poder, porque un partido responsable debería inmolarse ante sus votantes y sus militantes por el «bien de España». Hay que tener en cuenta que cuando se habla con tanta facilidad del «bien de España» a lo que realmente se están refiriendo a sus propios intereses, a su bien personal, al gatopardismo de que nada cambie porque durante los últimos años en que Rajoy y el PP han gobernado aplicando un rodillo que aproximaba a nuestra democracia a un régimen autoritario a las élites les ha ido muy bien. Los datos están ahí: mientras los salarios y las condiciones de los trabajadores se rebajaban hasta acercarlas a un estado de semiesclavitud, mientras en este país se ha llegado a una situación de emergencia social que no se vivía en España desde la posguerra, los beneficios de las grandes empresas, de las grandes fortunas y el número de millonarios se incrementaban. En esas élites hay miedo a lo que la izquierda pueda hacer porque, aunque no ganaron las elecciones, tienen la capacidad para bloquear cualquier medida, cualquier ley o cualquier reforma de corte neoliberal que atente contra los intereses de los ciudadanos para favorecer los suyos y pueden imponer sus diputados para legislar de un modo más cercano a las necesidades reales de los hombres y mujeres de España, algo que, evidentemente, esas élites no pueden permitir porque se les acaba el chollo.

Todos los que leen mis artículos saben que me opuse de manera frontal al pacto con Ciudadanos para la investidura de Pedro Sánchez y sigo pensando que fue la causa principal de que se tuvieran que celebrar unas segundas elecciones. Sin embargo, ¿por qué no hubo en el mes de marzo la misma presión con el PP para que se abstuviera y permitiera la formación de un gobierno? Es evidente que el «pacto de la vergüenza» afectaba directamente a sus intereses a pesar de estar lleno de unas medidas de corte neoliberal que fueron aceptadas por Pedro Sánchez porque era el único modo de presentarse ante el Congreso con más diputados que los 90 con que contaba en la anterior legislatura. Sin embargo, no hubo titulares, no se hicieron encuestas, no hubo tertulias que pidieran a Mariano Rajoy que se abstuviera para dejar gobernar a Sánchez o que lo hicieran los diputados del grupo popular necesarios para que el secretario general socialista fuera investido. Más bien ocurrió todo lo contrario y ahora lo que se le está pidiendo al PSOE es que se inmole políticamente porque una abstención es un apoyo indirecto a las políticas del PP, es convertirse en cómplice del dolor, del hambre y de la miseria que generó el anterior gobierno. Eso es algo que no quieren entender desde la derecha, algo que ni siquiera se plantearon cuando ellos pudieron abstenerse en el mes de marzo. La portavoz de Ciudadanos en el Ayuntamiento de Madrid dijo el otro día que al Partido Socialista no se le estaba pidiendo un voto afirmativo sino sólo una abstención como dando a entender que el no votar ni a favor ni en contra no tenía valor político pero olvidándose de una manera bastarda de que la abstención para investir a un presidente como Mariano Rajoy supone convertirse en cómplices de lo que se ha hecho y de lo que se hará.

Los lectores saben que Pedro Sánchez no es santo de mi devoción por el modo en que está llevando al PSOE al abismo gracias a su falta de liderazgo y al modo autoritario con que está gestionando al partido desde el mes de enero de 2015, un autoritarismo que hemos visto nuevamente en la imposición de candidatos afines, de «pedristas» declarados, en las listas electorales para las elecciones gallegas o en las amenazas dirigidas desde Ferraz a la Federación Socialista Andaluza de poner a dicha federación bajo la dirección de una gestora si continuaban las críticas a la Ejecutiva, es decir, el mismo sistema que utilizaron en el PSM con la defenestración de Tomás Gómez y en federaciones y agrupaciones de importantes ciudades que se opusieron a las imposiciones de Ferraz. Sin embargo, a pesar de que esté convencido de que Pedro Sánchez es lo peor que le ha podido pasar el Partido Socialista, creo que su «NO» tajante a investir a Rajoy de una manera activa o pasiva está siendo coherente con lo que el socialismo español defiende. España no es un país como Alemania o Suecia donde es habitual que los partidos socialdemócratas lleguen a acuerdos con los conservadores para gobernar, incluso con coaliciones como la que mantiene en el poder a Angela Merkel. Por tanto, Pedro Sánchez está siendo coherente por una vez en su vida y eso le convierte en el enemigo público número uno de las élites y del establishment hispánico.

Otra cosa es que ese «NO es NO» se esté utilizando para otras cosas que beneficien a Sánchez desde el punto de vista interno. En cualquier régimen autoritario y personalista una de las armas para mantenerse en el poder es la creación de una división en los órganos de ese régimen, el «si no estás conmigo, estás en mi contra». Eso es lo que está ocurriendo en el PSOE actual. La división entre «pedristas» y socialistas es cada vez más insostenible y, sobre todo, más contraria a los intereses del secretario general. Por eso necesita que los procedimientos congresuales que deberían haber sido convocados en el mes de febrero se estén aplazando condicionando la fecha de su celebración a la resolución de las negociaciones para formar gobierno. La negativa cerrada de Sánchez a la abstención hace que esos plazos se sigan alargando y él pueda mantenerse en la secretaría general. No es descartable que, tras la más que probable investidura fallida de Rajoy, Sánchez mueva los hilos (si no los está moviendo ya) para intentar de nuevo llegar a la Moncloa, incluso pensando en enfrentarse con el Comité Federal, para seguir en el candelero y evitar que se vea que hay más socialistas que «pedristas» y la militancia le bote sin honores.

Es evidente que el PSOE no puede ser cómplice de un nuevo gobierno de Mariano Rajoy. Sin embargo, la actitud que se está tomando demuestra la poca visión política y la nulidad de liderazgo se Sánchez. Le han convertido en el enemigo público número uno por su coherencia, como ya he dicho, pero también por su ineptitud a la hora de abordar la estrategia más favorable para el partido. La estrategia adecuada para afrontar este proceso es la que hubiera tomado un líder de verdad: primero poner un NO rotundo encima de la mesa para marcar el territorio pero, pasado un tiempo, habría demostrado altura de miras presentando ante los españoles un documento en el que se pusieran las condiciones mínimas para que el Partido Socialista pudiera plantearse la abstención, condiciones como la derogación total de la Reforma Laboral, de la LOMCE o de la Ley Mordaza, por citar algunas, condiciones innegociables, condiciones que, evidentemente, serían rechazadas por el PP. De este modo la culpabilidad de que no haya gobierno ya no recaería sobre el PSOE sino sobre los populares por haber rechazado un acuerdo de investidura que no rompía de ningún modo con la ideología ni lo presentado por los socialistas en su programa electoral.

El «pedrismo»: ¿Hare Krishna o Cienciología?

En estos tiempos turbulentos que está viviendo el Partido Socialista gracias a la nefasta gestión de su secretario general nos encontramos con un fenómeno que ya está rozando, cuando menos, lo absurdo. Tal vez la cosa sea mucho más grave y estemos hablando de sectarismo en su sentido más absoluto. El «pedrismo» está llegando a unos niveles que le acercan peligrosamente a los adoradores de Krishna o a los tronados de la Cienciología. Se crean grupos de apoyo a Pedro Sánchez en redes sociales. Incluso se han llegado a organizar manifestaciones en las que no más de dos docenas de militantes socialistas han sacado pancartas en defensa de Sánchez. Todo muy ridículo, muy absurdo, todo muy berlanguiano. ¿Acaso el actual secretario general del PSOE está siendo víctima de algo que no sea de su propia inoperancia?

Hasta ahora siempre he pensado que la actitud de los «pedristas» estaba provocada por la buena fe de quien piensa que la lealtad se basa en el apoyo incondicional al líder. Sin embargo, a medida que pasan los días estoy más convencido de que hay algo más peligroso en este comportamiento fanático y es el sectarismo que están demostrando. Cada comentario crítico que se haga es respondido con una defensa sin más argumentos que los lemas lanzados por Ferraz y por la Ejecutiva, algo similar a lo que hicieron los ministros, los dirigentes o los militantes del Partido Popular cuando defendían los recortes usando las palabras del argumentario creado desde el departamento de comunicación de Génova.

Para entender al sector «pedrista» de la militancia del PSOE hay que hacer verdaderas piruetas mentales. La realidad es que son el verdadero reflejo de a quien siguen y defienden. En estos meses que han pasado desde las elecciones del 20D, los comicios de los «resultados históricos» en los que el Partido Socialista obtuvo unos históricos 90 escaños y en los que en la circunscripción en la que Pedro Sánchez encabezaba la papeleta quedó cuarta fuerza política los «pedristas» apoyaron y defendieron como verdaderos fanáticos que el PSOE prefiriera pactar con las «Nuevas Generaciones del PP» (tal y como denominó Sánchez a Ciudadanos) antes de explorar la vía propuesta por Podemos. Tras un nuevo fracaso de Sánchez y la convocatoria de nuevas elecciones se convirtieron en altavoz de la «matraca» de Ferraz culpando a Pablo Manuel Iglesias de que no hubiera sido posible la formación de gobierno en el mes de marzo olvidándose que lo que proponían Sánchez y Rivera era que Podemos se aliara sin condiciones con ellos, cosa que de forma coherente los del partido morado se negaron a aceptar. Es cierto que Iglesias también tuvo su responsabilidad al dar por hecho cosas que ni siquiera se habían negociado o con su actitud obstruccionista. Pero no tuvo toda la culpa y el «pacto de la vergüenza» fue el principal responsable de la repetición electoral. Tras el 26J, cuando el secretario general y candidato socialista volvió a superarse a sí mismo con la magnitud de su fracaso al romper un nuevo suelo electoral, lo único que alegaron los «pedristas» fue que al menos no se había producido el «sorpasso». Lo ocurrido hasta el día de hoy ya lo conocemos con su defensa a ultranza del NO a la investidura de Rajoy.

En realidad, el «pedrismo» es una consecuencia del autoritarismo y del personalismo impuesto por Pedro Sánchez y su Ejecutiva en el PSOE. La historia nos demuestra que el culto a la personalidad suele derivar en la creación de grupos fanáticos que defenderán al líder haga lo que haga. En los dos años que lleva Sánchez como secretario general los «pedristas» han criticado una cosa y defendido lo contrario al mismo ritmo con que el líder caía en la incoherencia. Hemos visto cómo defendían la democracia interna y el respeto de la voz de la militancia pero aplaudieron cuando desde Ferraz se intervinieron de forma autoritaria federaciones y agrupaciones porque los resultados de las primarias, cuando los socialistas decidieron no apoyar a quien querían desde la Ejecutiva. Los «pedristas» criticaron a Ciudadanos y tildaron a la formación naranja de heredera de la Falange y meses después defendieron el «pacto de la vergüenza» que Sánchez firmó con Rivera para ser investido presidente «por responsabilidad». Los «pedristas» han adoptado como enemigo número uno a Podemos pero aplaudieron a Pablo Manuel Iglesias cuando apoyó a gobiernos autonómicos y municipales. Son tantas las incoherencias del «pedrismo» que se podría escribir un libro, pero la mayor es la que viene a continuación. En realidad, el «pedrismo» es un reflejo del líder al que adoran.

Como decimos, la mayor incoherencia la tenemos en la actualidad con su defensa a ultranza del «NO es NO». Es cierto que defender la actitud de Pedro Sánchez de no apoyar a Rajoy en su investidura es lo más lógico del mundo y que el PSOE no se abstenga o vote a favor del candidato conservador es lo más lógico. Sin embargo, lo que no es lógico es el modo en que lo están defendiendo o la estrategia de negación sin argumentos que han seguido desde Ferraz. Por tanto, los «pedristas» han seguido sin plantearse nada la estrategia marcada por su líder y atacan sin piedad a quien sí que lo hace, sea dirigente socialista, sea militante o sea votante. Realmente, lo que están planteando es el NO por respuesta sin pensar en las consecuencias: Pedro Sánchez y los «pedristas» dicen NO al PP, lo que es lógico, dicen NO a Podemos y a pactar con los nacionalistas/independentistas, dicen NO a las terceras elecciones. Algo falla en ese planteamiento, del mismo modo en que todo falla en el PSOE desde que Sánchez es secretario general. Decir NO a todo lleva irremediablemente a unas terceras elecciones. El «pedrismo» afirma que si hay que llegar a una tercera convocatoria electoral se llega porque piensan que de ese modo su líder logrará unos mejores resultados cuando, en realidad, el votante socialista culpará a Sánchez de tener que ir a votar en diciembre. Los «pedristas» insultan sin piedad a quienes han planteado diferentes estrategias en las que el PSOE tomara la iniciativa. Han insultado a quienes han defendido la abstención sin nada a cambio por responsabilidad de Estado. Quien les escribe tampoco está de acuerdo con esta opción pero no ha llegado al insulto. También han atacado de manera inmisericorde a quienes han planteado la presentación de una serie de condiciones basadas en el Programa Electoral socialista para poder abstenerse, condiciones que el PP rechazaría de plano y que dejarían la responsabilidad del voto negativo en el tejado de Rajoy y de este modo hacer responsable al PP de una más que posible convocatoria electoral. Por otro lado, los «pedristas» aceptan el hecho de que la estrategia de Sánchez no es otra que la de mantenerse al frente del PSOE a costa de que sea sin cuestionarse nada, sin cuestionarse que está vulnerando los tiempos orgánicos y que está yendo en contra de los Estatutos.

Otro aspecto del NO de los «pedristas» es el apoyo a que no se respeten las decisiones del Comité Federal. Ya les comenté en otro artículo lo que me comentó uno de ellos cuando me confirmó que si había que pactar con los independentistas o con la izquierda abertzale para que Sánchez fuera presidente se hacía y se convocaba un referéndum para validar ese acuerdo para desautorizar al Comité. Si en la reunión en la que Rajoy presentará a Pedro Sánchez su acuerdo con Ciudadanos el secretario general socialista anunciara la abstención del PSOE porque le parece bien el pacto entre el PP y C's no tengan ninguna duda de que el «pedrismo» saldrá para defender esta decisión a pesar de que llevan apoyando el «NO es NO» desde el 27 de junio.

Los «pedristas» piensan que ellos son la voz de la militancia cuando en realidad no son más que una escisión, un cisma, dentro de los socialistas. Como cualquier régimen autoritario basa su poder en la división de sus seguidores y en las medidas coercitivas. Es tal su fanatismo que en ocasiones llegan al ridículo afirmando lo que sea con tal de defender a Pedro Sánchez. El fanatismo suele llevar al sectarismo y el socialismo no es eso.

Y ahora, ¿quién se inmola?

Pasó la investidura fallida de Mariano Rajoy y todos los análisis concluyen que la situación creada tras aquélla está claramente marcada por la división, el enfrentamiento y la desconfianza entre los cuatro partidos que, a través de pactos, pueden conformar gobierno, pero, sobre todo, el escenario está emponzoñado por la inoperancia y la anteposición de los intereses personales o de partido al interés general de los españoles. No piensen que esta actitud es sólo propiedad de Pedro Sánchez, sino que está instalada en los cuatro partidos, en mayor o menor medida.

El pasado sábado, Ignacio Escolar, director de eldiario.es publicaba un artículo donde exponía las que, en su opinión, eran las cuatro opciones que habría sobre la mesa para evitar unas terceras elecciones: un golpe interno en el PSOE para echar a Pedro Sánchez de la secretaría general y, de ese modo, salir del «No es No» y permitir un gobierno de Mariano Rajoy; un pacto del PP con el PNV; un gobierno sin el PP, ya fuera PSOE-Podemos-Ciudadanos o PSOE-Podemos-Nacionalistas; un gobierno del PP sin Rajoy. Todas estas opciones son lógicas pero, como tal, son muy complicadas porque se confunden demasiadas cosas con la responsabilidad, lo que nos lleva a la más absoluta irresponsabilidad y, por tanto, a la ilógica.

El Partido Popular ha centrado su estrategia de investidura en intentar acorralar al Partido Socialista, en realizar una presión indigna desde cualquier tribuna desde la que tuvieran capacidad de imponer su mensaje recordando favores pasados, como es el caso de toda la prensa escrita y de ciertas publicaciones digitales o desde cualquier ámbito que se verá beneficiado si los conservadores volvieran a gobernar. Una estrategia propia de algunas familias protagonistas de ciertas películas de Francis Ford Coppola o de Martin Scorsese. Lo que el PP pretendía era que Mariano Rajoy fuese investido con el apoyo de Ciudadanos y una abstención socialista a cambio de nada. Evidentemente, eso no ha funcionado. No obstante, lo que tiene que quedar claro es que la verdadera intención del Partido Popular y de Mariano Rajoy no es llegar al gobierno con un Parlamento tan fragmentado porque ellos no saben gobernar a través del consenso sino con el autoritarismo dictatorial demostrado desde noviembre de 2.011. Por tanto, han querido dar a los ciudadanos la imagen de que ellos lo intentaron y que fueron los otros los que se negaron y provocaron unas terceras elecciones. Toda la parafernalia dialéctica mostrada por los conservadores al afirmar que España necesita un gobierno, que ellos están dispuestos a dialogar con quien sea y de lo que sea, no es más que una cortina de humo para tapar su verdadera estrategia: forzar las terceras generales para recuperar otra parte importante de votos que se marchó a Ciudadanos o para recurrir al voto útil. Esto lo puede hacer el PP porque su suelo electoral está por encima de los seis millones de votos, porque los votantes de derechas en España no van a las urnas a depositar su papeleta sino que acuden a los colegios electorales a «fichar». De ahí el discurso de Rafael Hernando en la segunda sesión de la investidura, un discurso más propio de un macarra que de un político, un discurso donde atacó muy duramente a quien, precisamente, les había dado su voto positivo. De ahí que se efectuara el anuncio del nombramiento de José Manuel Soria a un puesto ejecutivo en el Banco Mundial justo en el momento en que se había certificado la negativa del Parlamento a la investidura de Mariano Rajoy. De ahí que se siga manteniendo a éste como única posibilidad de candidato por mucho que se le esté pidiendo que deje paso a otra persona que no esté tan pringada del chapapote de la corrupción sistémica del PP. De ahí que estén amenazando a los funcionarios, a los pensionistas y a los medios de comunicación con la paralización de sus salarios, de sus pensiones o de las partidas para publicidad institucional por la situación de bloqueo político. De ahí que hayan generado un escenario en el que todos sus rivales se han desgastado mientras ellos se presentan ante los españoles como los únicos que han intentado desbloquear la situación cuando, en realidad, lo que han estado haciendo es todo lo contrario.

La actitud de Ciudadanos es tan ambigua como el propio partido. Hay que reconocerle a Rivera que ha sido quien más se ha movido para lograr desbloquear la situación, pero no piensen ustedes que lo ha hecho por amor a la patria, por responsabilidad de Estado o por cualquiera de las razones que expusieron cuando presentaron su pacto con Rajoy. No, no hay nada de eso. Se trata de un ejercicio de supervivencia política. Ellos saben que su base electoral es muy débil porque está cimentada sobre el descontento y el voto de castigo al PP y que en unas supuestas terceras elecciones el partido de Rajoy recuperará aún más apoyo, lo que les llevaría a ser irrelevantes. Por tanto, sus movimientos para lograr acuerdos y pactos están basados en la necesidad de supervivencia, no en otra cosa. Apoyaron a Sánchez imponiendo un 70% de su programa electoral aprovechando la necesidad del secretario general socialista y se encontraron con el rechazo de las Cortes. Tras el 26J pactaron con Mariano Rajoy y el resultado fue el mismo. Durante todo este tiempo, Rivera no se ha cansado de pedir a todo el mundo algo que se acerca mucho a la inmolación política. Primero al PP y luego al PSOE. Los acontecimientos post investidura fallida de Rajoy nos llevan a un escenario en que se van a intentar aventuras cuasi utópicas encabezadas por irresponsables, un escenario en el que va a ser necesaria la propia inmolación de Ciudadanos. ¿Hará Rivera lo que ha pedido a los demás por responsabilidad y por el bien de España? ¿Se inmolará Ciudadanos apoyando un gobierno de Sánchez e Iglesias por el bien de la Patria? ¿O será lógico con su ideología y se opondrá al mismo convirtiéndose, de cara al electorado, en el responsable de la convocatoria de unas nuevas elecciones, precisamente lo contrario a lo que pretendían? Consejos vendo que para mí no tengo...

Podemos parece haber aprendido algunas cosas y ha rebajado su tono durante el proceso de investidura de Mariano Rajoy en lo referente a los pactos. Los de Iglesias Turrión han aprendido a manejar los tiempos políticos y a no adelantarse en los plazos. Sin embargo, siempre mantuvieron la idea de que había una posibilidad alternativa a un gobierno del PP, lo que Alfredo Pérez Rubalcaba denominó el «Gobierno Frankenstein», un batiburrillo de siglas encabezado por el PSOE, con el apoyo de Podemos, las Mareas, En Comú Podem, Compromís, ERC, PDC, PNV y EH-Bildu. Como muchas de las cosas que propone Podemos se trata de una utopía porque es imposible que el PSOE se coaligue con fuerzas independentistas o con la izquierda abertzale, bueno, imposible salvo que Pedro Sánchez viera en ello su tabla de salvación. Ahora se les pone encima de la mesa la posibilidad de formar parte de un acuerdo con el PSOE y Ciudadanos. Realmente se trata de otro caso de inmolación política, no por el pacto con los socialistas, algo que es lógico y que numerosos estudios sociológicos afirman que es la opción preferida de los españoles con más de un 65% de aceptación, sino por tener que depender del partido de Rivera. Pablo Iglesias Turrión se ve, de este modo, en la tesitura de apoyar algo similar a lo que rechazó en marzo. ¿Podrá Iglesias ceder en puntos como la renuncia al referéndum en Catalunya o a la defensa del derecho de autodeterminación? ¿Rebajará Iglesias la visión maximalista de su programa económico para lograr ser parte de la alternativa a Rajoy? ¿Mantendrá la dureza negociadora pensando en los resultados de unas terceras elecciones? Son preguntas que me surgen y que tienen una difícil respuesta. Sin embargo, algo ha cambiado en el partido morado porque en los mensajes de su cúpula ya no hay un veto a Ciudadanos sino que plantean la dificultad de llegar a acuerdos con los de Rivera pero sin ver esos acuerdos como un imposible.

He dejado al PSOE en el último lugar porque es curioso cómo las sospechas de hace meses se van confirmando. A principios de verano expuse en un artículo que Pedro Sánchez estaba pergeñando una estrategia basada en humillar a Rajoy con una investidura fallida para, posteriormente, pasar a la vanguardia para postularse como candidato con la fórmula defendida por Iglesias Turrión, lo cual me daba mucho miedo. Dos semanas después el propio secretario general despertó más dudas al cambiar su estado de Whatsapp con un enigmático «¿Y por qué no?», lo que dejaba abiertas las sospechas de que iba a postularse tras el revolcón de Rajoy. La investidura fallida del actual Presidente en funciones ya tuvo lugar y, casi al día siguiente, los mensajes de que Sánchez lo iba a intentar llenaron las redes, los medios de comunicación y las tertulias políticas. Cuando el río suena tanto es que algo hay por mucho que desde la Ejecutiva socialista se esté queriendo quitarle importancia. Sin embargo, cada vez que alguno de los representantes socialistas cercanos a Sánchez abre la boca genera más dudas porque no hay un mensaje unificado al respecto. Unos dicen que sería lógico que el secretario general lo intentara. Otros dicen lo contrario. ¿Juegan al despiste o es una estrategia marcada generar confusión? En una publicación de la Cadena SER se afirma de modo categórico que Pedro Sánchez lo va a intentar a través de un acuerdo con Podemos y Ciudadanos pero, ojo, planteando una especie de gobierno parlamentario con un Ejecutivo formado exclusivamente por miembros del PSOE. Normalmente las noticias que da la SER suelen ser muy ciertas y, por tanto, esta información tiene presunción de veracidad. ¿Qué está llevando a Pedro Sánchez a dar este paso. La respuesta es sencilla: alargar los plazos en los que seguir «okupando» la Secretaría General y no convocar el 39 Congreso Ordinario, un congreso en el que con toda probabilidad sería botado de su puesto. Si lograra poner de acuerdo a Ciudadanos y a Podemos Sánchez sabe que su posición quedaría muy reforzada ante los críticos a su gestión, críticos que a medida que va pasando el tiempo van siendo más numerosos, por mucho que el ruido de los «pedristas» dé la sensación de que es lo contrario.

Pedro Sánchez, como sólo piensa en lo que le puede favorecer a él, se olvida de que ha perdido una oportunidad de ser el referente de la izquierda y de recuperar a parte de los votantes que se fueron a Podemos porque el PSOE había traicionado a sus raíces ideológicas. Como ya saben ustedes pienso que el Partido Socialista, con la composición de las actuales Cortes, tenía la capacidad de gobernar desde la oposición. Muchas de las medidas tomadas por el gobierno de Rajoy se podrían haber derogado ya si se hubiesen tomado las decisiones o adoptado las estrategias más lógicas. Pero, claro, gobernar desde la oposición no es una opción para Sánchez porque no estaría en el centro de los focos sino que sus éxitos quedarían entre bastidores y alguien con un ego tan marcado no puede permitir que eso ocurra. Sus éxitos se tienen que producir cuando el foco esté sobre él, no desde una segunda fila. Por eso ha tomado la decisión de postularse e intentar buscar un acuerdo muy difícil.

Pedro Sánchez ha aguantado muy bien la presión que le ha venido de todos los lados posibles, prensa internacional incluida, para que facilitara un gobierno de Rajoy. Ahí le alabo, no se me caen los anillos por reconocerlo. Sin embargo, como ya saben ustedes, estoy convencido de que se equivocó de estrategia a la hora de defender ese NO. Ahora bien, ¿se repetirá esa misma presión por parte de las élites hacia Albert Rivera para que permita que gobiernen PSOE y Podemos? ¿Pedirán que Rivera se inmole con la misma desvergüenza con que lo han hecho con Sánchez? Evidentemente, no, más bien al contrario. Las élites preferirán que se repitan las elecciones a que gobierne la izquierda, las élites dirán entonces que unos terceros comicios ya no son una catástrofe sino una solución.

Los españoles nos encontramos ante una disyuntiva: lo catastrófico o lo apocalíptico. Gobierno Sánchez o gobierne Rajoy será una catástrofe para los españoles. Lo que nos puede ofrecer el Presidente en funciones ya lo conocemos: recortes sociales, recortes de libertades y corrupción. Lo que nos puede ofrecer Sánchez también es conocido: egocentrismo, autoritarismo y culto a la personalidad. Sánchez será catastrófico y, por mucho que nos duela, será un poquito peor que el apocalipsis que tendríamos con Rajoy.

¿«NO es NO» o el «NO» depende de otra cosa?

En muchos de mis artículos anteriores he defendido que la postura de Pedro Sánchez de negarse a apoyar o permitir un gobierno en minoría de Mariano Rajoy estaba fundamentada en clave interna y sustentada sobre la supervivencia política del secretario general socialista. Por mantener este argumento, quien les escribe ha recibido insultos de todo el pelaje que se puedan imaginar de parte de los «pedristas» más convencidos, de aquellos que han convertido su lealtad en el PSOE en lealtad a Sánchez. También he defendido que la estrategia del «NO es NO» era la correcta en el fondo pero no en las formas ya que se corría el peligro de convertir al Partido Socialista en el principal responsable del bloqueo político y de la convocatoria de unas terceras elecciones. Si Sánchez hubiera sido un líder inteligente habría presentado una propuesta al PP con una serie de puntos innegociables, unas condiciones que para los conservadores serían inaceptables y, por lo tanto, la responsabilidad de unos terceros comicios habría caído en Rajoy y los suyos. En el caso de que lo hubieran aceptado, el PSOE hubiera sido el responsable de la derogación de las reformas más lesivas para los ciudadanos y habría tenido un punto sobre el que sustentar la recuperación y la regeneración que tanto precisa. Finalmente, también he planteado la posibilidad de permitir —con condiciones— un gobierno en minoría del Partido Popular y gobernar desde la oposición para, en primer lugar, derogar todas las reformas de la legislatura 2011-2015 y, en segundo lugar, poner en marcha las reformas que España tanto necesita. Este sería otro modo de regenerarse tanto desde un punto de vista interno como de cara a la ciudadanía. El tiempo y los hechos me están dando la razón. Detrás del «NO es NO» hay algo más y poco a poco vamos conociendo que no se trataba de una estrategia de cara a buscar soluciones al margen del PP sino que ese «NO» rotundo, ese «¿qué parte del NO no han entendido?», estaba totalmente orientado a garantizar el blindaje en la Secretaría General de Pedro Sánchez.

La gran mayoría de los dirigentes territoriales del Partido Socialista han planteado muchas opciones para afrontar esta legislatura y para evitar que se celebren unas terceras elecciones. Esto les ha generado que se les quisiera «despellejar» por parte de las hordas «pedristas». Lo mismo ha ocurrido con los antiguos dirigentes, a los que, como saben, no les tengo mucho aprecio porque ya no piensan en el partido o en la gente sino en el establishment con la coletilla de que es lo que necesita el Estado. Nos guste mucho o no, Felipe González, Alfonso Guerra, José Luis Rodríguez Zapatero o José Bono, por citar algunos, han sido masacrados por las catervas «pedristas». Sin embargo, en Ferraz tomaban nota a todo lo que decían estos dirigentes, algunos con responsabilidades de poder autonómico, y han esperado para hacerles una propuesta una vez que Sánchez consiguió humillar a Rajoy con la investidura fallida. La proposición de Ferraz, que incluso fue sugerida públicamente por algunos políticos cercanos a Sánchez, es la siguiente: si se garantiza que Pedro Sánchez no va a tener oposición en el 39 Congreso, el actual secretario general cambiaría su posición y permitiría el gobierno en minoría de Rajoy.

Esto es muy grave y confirma todas las sospechas de que lo que se busca es la aclamación de Sánchez para blindarle en la Secretaría General durante otros cuatro años. Es muy grave porque son muchos los militantes socialistas que se han creído lo de que el «NO es NO» es el camino correcto. Es muy grave porque las aspiraciones internas de Sánchez están bloqueando la política nacional. Es muy grave porque demuestra que el PSOE está en manos de un ególatra que primero piensa en él, luego en él, más tarde en él y, finalmente, en él. Ya habrá tontos útiles que piensen en el partido. Esta propuesta de quienes apoyan a Sánchez desmonta cualquier argumentación en favor del «NO es NO» y da la razón a quienes pensamos que los pasos que está dando en estos días el secretario general socialista para buscar una alternativa a Rajoy no son otra cosa que ganar tiempo para seguir retrasando la celebración del 39 Congreso, Congreso que, por cierto, debería haberse celebrado en el mes de febrero.

Evidentemente, Susana Díaz, a quien va dirigida esa propuesta, no la va a aceptar porque sería una verdadera catástrofe que se permitiera a Sánchez liderar cuatro años más un partido que lo que necesita una regeneración a fondo, cuando no una refundación del mismo calibre del de los Congresos de Toulouse o de Suresnes. El PSOE ha perdido el voto urbano y el voto joven. El PSOE ha perdido la confianza de las clases trabajadoras de rentas medias. El PSOE se está sosteniendo con el voto rural y, así, sólo va camino de un nuevo desastre, y el responsable de toda esta situación no es otro que el actual secretario general por buscar alcanzar sus objetivos personales antes que los objetivos del socialismo y de la ciudadanía que no hace tanto tiempo se volcó con el proyecto del Partido Socialista.

Guillermo Fernández Vara: la última víctima de Pedro Sánchez y del «pedrismo»

Una de las cosas que ha logrado de un modo efectivo —quizá la única, además de ser un constante fracaso— el actual secretario general del Partido Socialista es dividir la organización que «lidera». La imposición de un régimen personalista y autoritario ha generado una corriente entre esa parte de la militancia por la cual nada tiene valor si no sale de Ferraz, nada es válido si no procede de Sánchez, todo es correcto en lo que éste hace o dice y, lo que es peor, cualquier acción u opinión que discrepe de los dictados de la Ejecutiva son tratados como alta traición, con la correspondiente campaña de despellejamiento de todo aquel que se atreva a decir las cosas claras, gusten o no en Ferraz.

Los regímenes autoritarios basados en la exaltación ridícula y obscena del líder suelen tener como consecuencia la división o la purga de los discrepantes. Esto es lo que está ocurriendo en el

PSOE de Pedro Sánchez desde los primeros meses de 2.015. Militantes han sido expulsados del partido sólo por el hecho de expresar en foros públicos sus discrepancias legítimas con lo dictado por la Ejecutiva. Uno de los casos más escandalosos lo tenemos en la abogada, escritora y analista política Martu Garrote, aunque no es el único caso ya que se cuenta por cientos los militantes a los que se ha abierto expediente de expulsión por no someterse a los dictados de Ferraz. Otros militantes no han sido expulsados directamente sino con una estrategia aún más rastrera. Gracias a los históricos resultados de Pedro Sánchez los ingresos del partido han bajado y esto ha provocado que se produzcan despidos en las sedes socialistas. Casualmente quienes los despedidos han sido los más críticos con el secretario general. Por cierto, en este PSOE se penaliza la diversidad de pensamiento y de opinión pero se protege a quien es pluri-imputado por la justicia. Cosas que pasan. En este Partido Socialista de Pedro Sánchez se han intervenido Federaciones y Agrupaciones por el mero hecho de no someterse a la Ejecutiva o por no aceptar la imposición de personas afines al secretario general en los primeros lugares de las listas que se quisieron imponer. Incluso se hizo caso omiso de los resultados de las primarias porque a quienes eligieron los militantes de esas Agrupaciones o

Federaciones no eran los que quería Ferraz. ¿Se imaginan que Zapatero hubiera hecho lo mismo cuando Tomás Gómez ganó a Trinidad Jiménez? Bueno, pues el último ejemplo lo tenemos en la imposición de candidatos para las elecciones gallegas del 25 de septiembre. En el PSOE de Pedro Sánchez las Federaciones y las Agrupaciones viven con la constante amenaza de que el Secretario de Organización les ponga en gestora si se salen demasiado del carril impuesto por Ferraz. La última amenaza fue, precisamente, a la Federación andaluza si Susana Díaz seguía con su mensaje de que con 85 escaños no se puede gobernar un país y si los dirigentes andaluces continuaban con las críticas a la estrategia de Sánchez tras las elecciones generales de junio.

En el PSOE de Pedro Sánchez todo aquel que se posiciona en contra del secretario general o de sus ocurrencias es purgado o machacado por las hordas pedristas. Ejemplos de esto hay a cientos pero lo más grave es que esos movimientos sectarios suelen terminar en fracasos en las urnas tal y como pudimos comprobar con la candidatura de Antonio Miguel Carmona al Ayuntamiento de Madrid y el abandono —y en algunos momentos la humillación— que sufrió por parte de Ferraz al volcarse totalmente con la candidatura de Ángel Gabilondo, el candidato de Sánchez. Aún recuerdo cómo se ninguneó a Carmona en la Conferencia

Municipal en la que se presentaban los candidatos a las capitales de provincia para dar prioridad a Gabilondo que no encabezaba la lista de Madrid. Meses más tarde Carmona fue víctima de una purga institucional al ser apartado de manera dolosa de la portavocía socialista en el Ayuntamiento de Madrid tras proponer que el PSOE entrara en el gobierno junto a Ahora Madrid. Se buscaba una excusa para apartarlo y la encontraron. Por cierto, ahora sí que se quiere entrar en ese gobierno municipal y no he escuchado ninguna voz que pida que Purificación Causapié sea purgada.

La última víctima de este régimen autoritario es el Presidente de la Junta de Extremadura, Guillermo Fernández Vara. Éste es un político que nunca se ha callado nada. Puede gustar más o menos, se puede estar de acuerdo o no con él, pero siempre pone sus cartas sobre la mesa. ¿Qué ha podido hacer el bueno de Guillermo para que le hayan llamado la atención desde Ferraz? Algo tan irritante como decir la verdad. Es un secreto a voces que la relación entre Pedro Sánchez y los dirigentes territoriales socialistas, ya tengan poder o no, está rota, salvo las excepciones obvias de los líderes más afines al secretario general. Fernández Vara lo único que hizo fue hacer público su malestar de que en unos momentos tan delicados tanto para la política nacional como para el partido Sánchez ni siquiera hablaba con él. La última vez que Vara y el secretario general hablaron fue el 9 de julio, es decir, hace dos meses. La reacción ante estas declaraciones de Vara fue la que le corresponde a esta dirección: «que levante el teléfono y llame». Por otro lado, el presidente extremeño pidió que se convocara un Comité Federal para discutir la posición del PSOE tras la investidura fallida de Rajoy. ¿Qué hay de grave en estas dos declaraciones? Nada, ¿verdad? Pues a raíz de las mismas se ha iniciado una campaña de despellejamiento y lapidación pública por parte de las hordas pedristas hacia Fernández Vara que ha provocado la reacción de dirigentes, militantes y parlamentarios socialistas para solidarizarse con el presidente extremeño y darle su apoyo. Susana Díaz, Eduardo Madina, Javier Fernández, Alfredo Pérez Rubalcaba o Elena Valenciano son algunos de ellos, pero ha sido tal la reacción que Fernández Vara ha sido Trending Topic en Twitter por todos los mensajes de apoyo que ha recibido tras el hostigamiento del «pedrismo». El silencio por parte de la dirección y del secretario general ante una situación tan bochornosa ha sido tan estruendoso como obsceno. Lo mismo Pedro Sánchez estaba en la piscina y no se ha enterado de nada...

El PSOE ha sido siempre un partido con mucho debate interno, sobre todo ideológico, pero esas discrepancias siempre se han hecho desde el respeto hacia el que piensa de un modo diferente. Famosas fueron las polémicas entre Largo Caballero e Indalecio Prieto, lo mismo que las que hubo en los años 70 entre los exiliados y los que estaban en el «interior» o las que mantuvieron los felipistas y los guerristas. En los más de cien años de historia del Partido Socialista ha habido más ejemplos, pero siempre existió respeto entre los que defendían una cosa o la contraria y en muy pocas ocasiones se cruzaron insultos. Se respetaba las diferencias de opinión y había libertad de expresión. Lo que está ocurriendo en el PSOE de Pedro Sánchez sólo puede entenderse si se comprende que el culto a la personalidad impuesto desde Ferraz ha conseguido crear una guardia pretoriana, por no llamarla de otro modo, que confunde interesadamente la discrepancia con la traición al líder o al partido y que no respeta la libertad de expresión de quienes no están en la misma onda que la del secretario general. Lo que está pasando en el PSOE de Pedro Sánchez sólo puede entenderse si se visualiza desde la certeza de que se ha impuesto un régimen autoritario de carácter personalista que no acepta la diversidad de opiniones y que en cuanto la detecta aplica purgas sistemáticas a militantes de base o a pequeños dirigentes. Para ir a por los grandes dirigentes encargan el trabajo sucio a las hordas pedristas para que los despellejen a través de las redes sociales.

Para finalizar vuelvo a Guillermo Fernández Vara. No estoy de acuerdo con él en lo referente a la petición de abstención gratuita para formar gobierno pero ni se me ocurre insultarle ni faltarle al respeto como han hecho los pedristas o la dirección.

ERE en Extel: deslocalización a la vista

La empresa Extel es la división de contact center del grupo multinacional Adecco y está especializada en la gestión de la atención telefónica para los clientes de sus clientes, lo que hace años se llamaba telemarketing. Tiene plataformas de atención en Barcelona (Hospitalet de Llobregat, A Coruña, Madrid (Alcobendas), Málaga, Zaragoza, Lisboa y Arequipa (Perú). Cuenta con una plantilla de más de seis mil trabajadores y atiende un volumen de más de sesenta millones de llamadas anuales. Sus principales clientes son Telefónica Movistar y BBVA.

Esta semana la dirección de Extel ha anunciado a los representantes de sus trabajadores que va a ejecutar un Expediente de Regulación de Empleo en sus plataformas en España que, según fuentes sindicales, podría afectar a más de tres mil trabajadores, es decir, a más de la mitad de su plantilla. La empresa alega razones productivas y de organización, algo que ha sorprendido a los Comités de Empresa de dichas plataformas porque

Extel no tiene problemas económicos y está pagando puntualmente las nóminas de sus trabajadores, además de que sus cuentas principales son muy estables. Por tanto, si no hay causas económicas y la empresa alega causas productivas y de organización, ¿qué ha provocado esta decisión de Extel? Todo huele a que la división de contact center de Adecco tiene planteada una nueva deslocalización de la actividad de alguna de sus cuentas y desde los sindicatos apuntan a que pueden ser los servicios que se gestionan para Telefónica Movistar.

Por tanto, nos encontramos ante un nuevo caso de deslocalización salvaje de actividad en un sector ya muy castigado por los procesos off shore. Sin embargo, la atención al cliente no es el único sector en el que se están deslocalizando puestos de trabajo que deberían encontrarse en España. Lo peor de todo es que los trabajadores no pueden defenderse ni tienen el apoyo de las instituciones públicas.

En unas semanas estará en la calle el número 6 de Diario16 en papel. En este número hay un amplio reportaje sobre estos procesos off shore y cómo están afectando negativamente a la economía nacional. Sin embargo, no nos centramos en las consecuencias en el empleo, que son obvias y que afecta a más de 80.000 puestos de trabajo sólo en el sector del contact center, sino en las consecuencias hacia los ciudadanos por la actitud de las empresas para que sus cuentas de explotación no se resientan y por su estrategia de competir por los precios de venta en vez de en la calidad de los servicios que ofrecen.

Cuando hablamos de deslocalización de servicios nos encontramos con un escenario en el que los clientes finales de las empresas que trasladan su actividad, total o parcialmente, a terceros países reciben un servicio de mucha menor calidad. Sin embargo, la rebaja en los costes salariales que provoca la deslocalización no se traslada al precio de venta por el que contratan esos clientes dichos servicios. ¿No les parece que esto se acerca a la definición de estafa? No piensen sólo que hablamos de los servicios de atención al cliente sino a otros muchos que las multinacionales españolas han trasladado a países con salarios muy inferiores a los nuestros y con unas condiciones laborales sin la protección del mundo occidental. Departamentos de facturación, contabilidad o de consultoría se gestionan fuera de España con la inseguridad en el tratamiento de los datos personales y bancarios que eso conlleva. ¿Sabían ustedes que sus datos están siendo tratados desde la India o desde Latinoamérica? ¿Sabían ustedes que personas ajenas a sus compañías tienen acceso a esos datos? Esa es otra de las consecuencias de la deslocalización.

El Expediente de Regulación de Empleo de Extel es un ejemplo más. Son tres mil trabajadores que se quedarán sin empleo sin que haya ninguna justificación lógica salvo que la preservación de los resultados de la cuenta PyG sea una justificación.

Todo esto y mucho más lo podrán leer ustedes en el próximo número de Diario16 que estará en la calle en el mes de octubre.

Lo legal y lo ético

En política los conceptos «legal» y «ético» deberían ir cogidos de la mano aunque, como todos sabemos, no es así, al menos en España. Legal, según el Diccionario de la Real Academia de la Lengua, significa «Prescrito por ley y conforme a ella». Ético, por su parte, es definido por la RAE en su segunda acepción como «Recto, conforme a la moral». En la política española tenemos demasiados ejemplos de comportamientos que son perfectamente legales pero que no son éticos y que, por tanto, deberían ser causa de que quienes perpetren esos procederes abandonen la política.

En los últimos años hemos tenido demasiados comportamientos por parte de nuestros políticos que son perfectamente legales pero no éticos y que deberían haber provocado, en primer lugar, el sonrojo y, en segundo lugar, la asunción de responsabilidades políticas y el abandono de cualquier cargo público. Sin embargo, en España no ocurre así. Muchos políticos españoles ya se han acostumbrado a tener actuaciones poco éticas pero amparadas por los diferentes códigos legislativos. Esta legalidad es la coartada perfecta para quienes se aprovechan de su cargo para medrar y ganar mucho dinero, un dinero lícito pero amoral y en política es mucho más importante la moralidad de los comportamientos que el ceñirse al espíritu de cualquier ley.

En muchos casos hemos sido testigos de cómo representantes públicos o dirigentes de los partidos políticos han aprovechado sus cargos y los contactos empresariales adquiridos por estar donde se está para conseguir empleos al margen de su actividad política que rozan con las incompatibilidades que marca la ley. ¿Es lícito que un parlamentario cobre por asesorías empresariales por las que se perciben altas cantidades de dinero, tal y como ocurrió con Martínez Pujalte? La respuesta se la dio él mismo a Pepa Bueno en una entrevista en la Cadena Ser tras salir a la luz que había cobrado miles de euros por asesorar a empresas constructoras. La periodista extremeña le preguntó en varias ocasiones si le parecía ético cobrar por asesorar a una empresa con contratos públicos a lo que el político del Partido Popular respondió siempre con la misma frase: «Me parece legal». Esto resume todo.

Relacionado con lo anterior tenemos el «caso Soria». Es completamente legal que el

Gobierno decida que el candidato a un puesto en el Banco Mundial lo ocupe José Manuel Soria, el ex ministro de Industria que mintió sobre su implicación en «los papeles de Panamá». Lo que queda claro es que no era ético y por eso se formó el revuelo que se formó: no se podía enviar a un puesto de representación de España a un hombre que sus empresas habían operado en paraísos fiscales para evadir impuestos.

La falta de ética en política escudada en que ese comportamiento es legal es algo tan común en España que ya podría parecer hasta normal. Sin embargo no es así y, lo que es peor, impide que se asuman las responsabilidades que en cualquier país puramente democrático se deberían asumir. El último caso de esta realidad putrefacta de nuestra política es la actitud de Rita Barberá tras conocerse que será encausada por la financiación ilegal del Partido Popular en Valencia. Con mucha resistencia, la ex alcaldesa de Valencia decidió darse de baja en el PP pero no de dejar su acta de senadora, un acta que legalmente le corresponde a ella pero que, en realidad, pertenece al pueblo valenciano porque ella está en la Cámara Alta por designación de las Cortes y no porque estuviera en las listas al Senado en las elecciones de junio. Evidentemente, es legal que Rita Barberá no renuncie a su acta pero no es ético porque el

Tribunal Supremo la encausará por delitos relacionados con la corrupción.

Otro caso de toma de decisiones legales pero poco éticas la tenemos en nuestro Tribunal Constitucional, donde se eligió a un militante del Partido Popular al corriente de pago de sus cuotas como Presidente del máximo órgano judicial de nuestro país. La elección de Francisco Pérez de los Cobos fue legal, de eso no hay ninguna duda, pero no fue ética aunque, eso sí, muy efectiva para el PP teniendo en cuenta los planes de destrucción del Estado del Bienestar que tenían los conservadores tras ganar las elecciones de 2.011. La falta de ética en esta decisión pone en duda la independencia del órgano judicial encargado de velar por el cumplimiento de la Constitución, y, por tanto, lo deja en un estado de constante sospecha de la ciudadanía respecto a su imparcialidad, sobre todo cuando todas y cada una de las reformas implementadas por el partido del que el presidente del TC fue militante tenían un claro tufillo anticonstitucional. El último ejemplo por el que la independencia del Constitucional queda en entredicho por estar presidido por un militante del PP lo tenemos en el retraso de la decisión sobre el control del Parlamento al Gobierno en funciones adecuando el calendario a lo que más beneficiaba al Ejecutivo de Rajoy. Por cierto, este es otro ejemplo de comportamiento legal de un gobierno en funciones pero que ataca directamente a la ética porque responde a un desconocimiento total de cómo funciona un sistema parlamentario.

Hemos puesto algunos casos de comportamientos legales poco éticos y que deberían haber tenido la misma respuesta: la asunción de responsabilidades y la dimisión de todos los cargos públicos que esas personas ostentaran. Sin embargo, esa respuesta no se dio y lo que vimos fue el aferrarse al cargo. Lo grave es que ese comportamiento es lo habitual en nuestros políticos y en nuestros partidos. Siempre se buscan mil excusas o escudarse en la legalidad para evitar que se asuman responsabilidades porque en este país se ve esa asunción como una debilidad o un reconocimiento de las acusaciones en vez de contemplarse como un comportamiento recto y digno. En otros países de nuestro entorno con una mayor cultura democrática o con un mejor concepto de la decencia hemos comprobado cómo ministros han dimitido por una multa de tráfico, por haber recibido un regalo de un empresario con un valor inferior a treinta euros o por haber plagiado su tesis doctoral. Esto no hubiera pasado en España, eso se lo aseguro.

Alguien podrá decir que, según este planteamiento, si un político hace algo ilegal pero que es éticamente correcto no tendría que asumir responsabilidades. Evidentemente, sí que tendría que asumir esa responsabilidad por haber cometido un delito, independientemente de que estuviera dentro de los parámetros morales.

Nuestra política está muy falta de ética y, por eso, asistimos a espectáculos bochornosos como los que nos dan nuestros representantes.

20D/26J: la incompetencia que devolvió el hartazgo[1]

La incompetencia de nuestra clase política nos ha llevado a los españoles a una nueva época preelectoral. En estos meses desde los últimos comicios se ha consumado el fracaso más absoluto de los cuatro principales partidos al anteponer los intereses más bastardos a la decisión que la ciudadanía tomó con los resultados de las elecciones generales del veinte de diciembre de dos mil quince. Por un lado se han antepuesto intereses personales de los líderes, por otro lado se han priorizado los intereses de los partidos por varias razones que veremos más adelante. Ante esta actitud irresponsable los ciudadanos nos encontramos con que a nuestra clase política les importa una higa lo que les dictamos los españoles, nos hallamos ante una nueva campaña electoral que va a estar centrada en la nula presencia de los programas y de los proyectos y en el constante soniquete de quién ha tenido la culpa de que no se pudiera formar gobierno en los cuatro meses de

---

[1] Artículo de portada del nº 3 de la revista *Diario16*

negociaciones. Sin embargo, esto no es lo más grave. Lo más doloroso es que los cuatro principales partidos políticos han despreciado algo que deberían cuidar como si fuera oro: el interés de la ciudadanía por el día a día de la política, el interés de los españoles por lo que se cuece en las ollas de nuestra democracia, el interés por querer ser más partícipes de las decisiones que se tomen en las instituciones.

En España la crisis económica tuvo unas consecuencias más graves que en el resto de Europa a causa de la explosión de la burbuja inmobiliaria sobre la que los gobiernos del Partido Popular de Aznar sustentaron nuestra economía. Sí señores, no me estoy volviendo loco, la herencia recibida por Rajoy no tenía un único culpable sino que, haciendo un análisis más profundo de la situación, nos damos cuenta de que las responsabilidades vienen de más atrás. Cuando en 1996 el PP ganó las elecciones necesitaban que se produjera una recuperación económica para poder cumplir su agresivo programa electoral. Había que conseguir que el paro bajara y que la economía resurgiera tras la crisis del '93. Por otro lado estaban los acuerdos de Maastricht y España tenía que estar en el Euro. Fue una gran oportunidad de generar empleo en España, de modular el modelo productivo hacia el sector industrial y el sector servicios. Sin embargo se lanzaron a conseguir resultados rápidos y sólo existía un sector que podía dárselos: la construcción. Se modificaron leyes de suelo, se dieron facilidades a empresarios. Los bancos, aprovechando los bajos tipos de interés, se lanzaron a campañas agresivas de captación de clientes con las hipotecas. Es decir, se dieron las condiciones para el desarrollo de un sector que mueve mucho dinero y que genera muchos puestos de trabajos directos e indirectos. Se inició una especulación salvaje. Los ayuntamientos estaban deseando que llegaran tiburones a los despachos de los alcaldes para realizar planes de urbanismo, generando redes corruptas y de enriquecimiento incontrolable. Bajó el paro hasta casi el pleno empleo y los dirigentes del PP se regodeaban con los datos macroeconómicos. España crecía más que Alemania, Italia o Francia. Pero esto creó una burbuja que nadie parecía querer que dejara de crecer. Empresarios dejaban sus actividades y se metían a constructores. El sector bancario daba hipotecas al 120% del valor de tasación de los inmuebles. Los créditos a constructores, a promotores y a particulares los concedían los propios directores de oficina simplemente presentando una nómina y sin pasar por los departamentos de análisis de riesgo. Incluso los modos de remuneración de los trabajadores de las sucursales cambiaron hacia la incentivación por el cumplimiento de objetivos, y entre esos objetivos estaba la concesión de hipotecas. Estábamos en el país de Jauja, vivíamos como dios, y todo el mundo tenía su recompensa porque el consumo crecía y crecía. Incluso necesitamos importar mano de obra extranjera porque España no tenía suficientes españoles para cubrir todos los puestos de trabajo necesarios para tal orgía. El precio de la vivienda se disparó, pero se seguía construyendo porque había mucha demanda. Las familias se endeudaron para tener un piso con créditos que superaban el 40% de la renta familiar. Los salarios en algunos sectores se dispararon de manera absurda. Un albañil en España cobraba más que un Director Ejecutivo y muchos jóvenes dejaron sus estudios para irse a la construcción y ganar dinero. Las ventas de coches de gama alta se marcharon a índices superiores a los países de la Península Arábiga. Una orgía de dinero fluía en España y nadie se decidió a parar los pies a las barbaridades que se estaban cometiendo. Y, algo inédito, había más inmobiliarias que bares. En esta burbuja basó el PP el crecimiento de España. Pero todos los analistas indicaban que ese ritmo de crecimiento basado en la construcción tenía que reventar. Los avisos desde los mercados eran constantes. Y nadie hizo caso ni hizo nada. El gobierno de Rodríguez Zapatero también tuvo su parte de responsabilidad al no parar la orgía en el momento adecuado y aprovechar las condiciones macroeconómicas favorables para reorientar nuestra economía y nuestro mercado laboral hacia un modelo basado en la reindustralización para dar una salida a los trabajadores que perderían su empleo en el momento del reventón de la burbuja. Se fueron poniendo parches, como el «Plan Ñ», que no sirvieron más que para gastar dinero público en hacer rotondas y que no frenó la destrucción de empleo. En los dos últimos años de legislatura el Ejecutivo de Rodríguez Zapatero no hizo más que dar bandazos y tomar decisiones económicas equivocadas que empeoraron aún más la situación, lo que trajo como consecuencia la pérdida del gobierno a manos de Mariano Rajoy quien se presentó ante los españoles como el salvador de la Patria con un programa electoral más falso que un billete de 15 euros.

Sin embargo, la percepción de la política de los españoles cambió. Los constantes ataques del Partido Popular a los derechos de los ciudadanos, su modo de gobernar autoritario que rozaba peligrosamente los límites de lo dictatorial, su legislar irresponsable que favorecía a las élites económicas y empresariales, hicieron que la ciudadanía se interesara más en la política. Un hecho que prueba lo que afirmamos es el incremento de audiencia de programas televisivos de temática política. Hace diez años las audiencias de programas como La Sexta Noche, Las Mañanas de Cuatro o Al Rojo Vivo no pasarían de ser anecdóticas. Sin embargo, ahora no es así. Los españoles quieren estar informados de lo que ocurre en los centros de poder, los españoles se habían despertado del letargo en que se sumieron tras la estabilidad política que se fue cimentando con el paso de los años, un letargo irresponsable que dejó en manos de la clase política todas y cada una de las decisiones que afectaban directamente a sus vidas y, como se suele decir, el poder hace que los dirigentes, sobre todo los de la izquierda, se separen de los ciudadanos en la misma proporción en la que se ven rodeados de los representantes de las élites.

Con este panorama llegamos a los comicios del veinte de diciembre de dos mil quince. El interés despertado en los españoles por la política, la reivindicación de unos nuevos modos de hacer política y de buscar nuevas formas para regenerar nuestra democracia se tradujo también en la aparición de nuevos partidos en los dos ámbitos ideológicos que de manera inexorable restarían apoyos a las dos organizaciones que se habían repartido el poder desde el año mil novecientos ochenta y dos. Tanto Ciudadanos como Podemos venían, teóricamente, a traer aire fresco a nuestra política con un modo de actuar distinto centrado más en las necesidades del ciudadano.

Evidentemente, cada cual dentro de sus ámbitos ideológicos. Sin embargo, los resultados que dieron las urnas nos llevaron a una situación en que se hacía necesario retomar un camino que se abandonó tras la aprobación de la Constitución: el consenso y la negociación. Por otro lado, ese consenso y esa negociación de acuerdos de gobierno era un hecho inédito en nuestra democracia puesto que desde el año mil novecientos setenta y cinco no fue necesario un gobierno de coalición entre más de una fuerza política. Este es un hecho que los líderes políticos han olvidado en sus declaraciones al hacer constantes sus referencias al periodo de la Transición como ejemplo de actitudes negociadoras. En los años que transcurrieron desde la muerte de Franco hasta que el PSOE ganara las elecciones se pactaron muchas cosas, algunas tan importantes como los Pactos de la Moncloa, pero en ningún caso se sentaron más de un partido político a negociar la formación de un gobierno. Se llegaron a acuerdos puntuales, como el apoyo de CiU y PNV a Aznar o el de IU a Zapatero, pero jamás hubo una negociación para investir a un Presidente o para formar un gobierno.

Los resultados del 20-D demostraron que los españoles, debido a ese interés renacido por la política, no querían más mayorías absolutas ni gobiernos monocolores. Sin embargo, los resultados también demostraron que nuestra Ley Electoral necesita ser reformada. El actual sistema es el mismo que se utiliza en otros países europeos como Austria, Bélgica, Bulgaria, Croacia, España, Finlandia, Francia, Grecia, Países Bajos, Polonia, Portugal, República Checa y Suiza pero con variaciones dependiendo de las diferencias evidentes que puede haber entre las distintas realidades sociopolíticas de esos Estados. Hay que recordar que este sistema basado en la proporcionalidad utilizando a la provincia como circunscripción electoral fue el elegido para garantizar la gobernabilidad en las primeras legislaturas y favorecer mayorías fuertes que aseguraran que los resultados de los comicios no dieran unas instituciones totalmente polarizadas, sobre todo teniendo en cuenta que en aquella época concurrían a las elecciones más de cuatrocientos partidos y que no existían datos sobre el comportamiento de los españoles al ejercitar su derecho al voto. Durante los casi cuarenta años que van desde las primeras elecciones hasta hoy la Ley Electoral española ha cumplido con su objetivo de ofrecer a los ciudadanos mayorías fuertes, cuando no absolutas, que garantizaban cierta estabilidad política pero que también provocaban un alejamiento entre la clase política y el pueblo soberano. No obstante, el Sistema D'Hont es en algunos aspectos contrario a la igualdad que debe primar en cualquier democracia porque no refleja la voluntad del pueblo, porque cada voto no tiene el mismo valor dependiendo del lugar donde se ejerza el sufragio, porque deja a las provincias menos pobladas casi sin representación en las instituciones. Por eso es necesaria la reforma de esta Ley Electoral por injusta y porque con el momento político actual demuestra que ha dejado de tener sentido dado que no garantiza la creación de mayorías sino que, tal y como vimos en el 20-D, provoca todo lo contrario, además de generar incoherencias como que existan partidos con casi un millón de votos como IU que sólo obtuvieron 2 escaños mientras que otros con menos de la mitad de los votos lograron más del doble. En primer lugar, habría que eliminar a la provincia como circunscripción electoral e ir a la circunscripción única en la que todos los votos tendrían el mismo valor. ¿Cuáles habrían sido los resultados de las pasadas elecciones si se hubiera votado en una circunscripción única? Veámoslos y hagamos la comparación:

CANDIDATURA	VOTOS	PORCENTAJE	ESCAÑOS	ESCAÑOS CIRCUNSCRIPCIÓN ÚNICA
PP	7.215.752	28,72%	123	103
PSOE	5.530.779	22,01%	90	78
PODEMOS	3.182.082	12,67%	42	46
CIUDADANOS	3.500.541	13,93%	40	50
EN COMÚ PODEM	927.940	3,69%	12	14
COMPROMÍS	671.071	2,67%	9	9
ERC	599.289	2,39%	9	8
DiL (CiU)	565.501	2,25%	8	8
EN MAREA	408.370	1,63%	6	6
PNV	301.585	1,20%	6	4
UP-IU	923.133	3,67%	2	14
BILDU	218.467	0,87%	2	3
COALICIÓN CANARIA	81.750	0,33%	1	1
PACMA	219.191	0,33%	0	1
UPyD	153.505	0,87%	0	3
NOS	70.464	0,28%	0	1

Los resultados lo dicen todo y serían mucho más justos con la circunscripción única. Por otro lado, otra de las importantes reformas que habría que implementar en nuestro sistema electoral la hallamos en la confección de las listas. El actual método de listas cerradas es otra herencia de la situación vivida en España durante los años de la Transición. Hace cuarenta años era necesario dar preponderancia a los partidos políticos que a las personas como único modo de poder poner unos cimientos fuertes a una democracia nacida tras la desaparición de una de las dictaduras más salvajes de Europa. Lo que se pretendía es que las estructuras de las organizaciones políticas se pusieran al servicio del Estado. Fue algo acertado. Sin embargo, el hecho de que cuando depositamos nuestra papeleta lo hagamos en favor de un partido y de un grupo de personas a las que no conocemos más allá de las apariciones en los medios de comunicación y que están tan alejadas de la realidad como lo pueda estar la constelación de Orión debilita a la democracia y a la percepción que de la misma tienen los ciudadanos. Por eso es necesaria la aplicación de un sistema de elección de listas abiertas similar a la que se aplica en los parlamentos anglosajones donde los representantes del pueblo elegidos en sufragio tienen la obligación de rendir cuentas con sus electores temporalmente. De esta manera se lograría una mayor implicación de la clase política con las necesidades reales de la ciudadanía. También sería un modo de aplacar las reivindicaciones de ciertos sectores populistas en las que se pretende la aplicación de una democracia asamblearia que no tiene ninguna funcionalidad y que no haría otra cosa que cansar al ciudadano y retrasar la maquinaria legislativa del Estado.

Evidentemente esta reforma de la Ley Electoral o la tan necesaria reforma de la Constitución sólo será posible hacerla en profundidad si al gobierno llega un partido o una coalición de partidos progresistas ya que la derecha de este país, tanto la ultraconservadora tradicional del Partido Popular como la ultraliberal «teapartyiana» de Ciudadanos, sólo harían pequeños retoques, sólo pondrían parches cosméticos para que todo siga igual. Sin embargo, ¿está la izquierda española preparada para afrontar ese reto dejando de lado sus tradicionales rencillas? Pensamos que es muy difícil que eso ocurra pero no imposible. Es difícil porque en los dos «bandos» que existen en el progresismo hispánico aún no se han limado los odios y las diferencias heredadas del siglo pasado. Eso sin contar con la crónica naturaleza hegemónica de cada uno de los partidos. La historia nos ha demostrado que las organizaciones que forman la izquierda española han luchado primero por lograr la hegemonía progresista y luego por el resto de retos que supuestamente deberían ser prioritarios. Lo vimos durante la República cuando los anarquistas se abstuvieron en las elecciones de 1934. Lo vimos durante la Guerra Civil con las luchas internas entre comunistas, socialistas, trostkistas y anarquistas que, en algunas épocas, llevó a que se produjeran guerras civiles dentro de la propia contienda o que en medio de esos enfrentamientos los de una facción se retiraran de los frentes para acudir a defender a sus camaradas. Lo vimos durante el exilio con las constantes luchas entre socialistas y comunistas. Lo vimos durante la Transición con el enfrentamiento entre el PSOE y el PCE. Incluso lo vimos dentro de los propios partidos, tal y como sucedió en el Partido

Socialista hasta el Congreso de Toulouse (1972). Una vez asentada la democracia fuimos testigos de momentos tan vergonzantes como el apoyo indirecto de Julio Anguita al Partido Popular para desbancar a Felipe González de la Presidencia del Gobierno porque creía el líder comunista que con ello conseguiría la hegemonía de la izquierda, cosa que no ocurrió. En estos cuatro meses desde las elecciones del veinte de diciembre hemos presenciado un nuevo capítulo de esa lucha por la supremacía progresista con la imposibilidad de llegar a un acuerdo entre PSOE, Podemos y sus Confluencias e IU/UP.

El autor siempre ha sido partidario de que para poder luchar de igual a igual contra la derecha actual es fundamental que todos los partidos progresistas se sienten para lograr un programa común con el que presentarse a los comicios, un programa en el que se antepongan las medidas para solucionar los problemas reales de los ciudadanos y para abordar las reformas profundas que necesita el país. En estos cuatro meses no hemos hecho más que escuchar menciones y propuestas sobre la creación de una mayoría de izquierdas para desalojar al Partido Popular del poder. Esas peticiones llegaron tarde. Es el ADN del progresismo hispánico: dejar las puertas del poder abiertas de par en par a las opciones más conservadoras porque primero está la lucha por la supremacía o por ser el más puro representante de la izquierda, del ADN rojo, que estar a la altura de las circunstancias y unirse para dar los ciudadanos un país donde no se hagan políticas que generan desigualdad, donde no se permita que un español se quede en la calle porque no pueda pagar su hipoteca por causas sobrevenidas, donde se prioricen las necesidades de las clases bajas y medias trabajadores a los de las élites, un país donde sus ciudadanos no tengan que hacer colas en los comedores sociales o en los bancos de alimentos para poder sobrevivir porque su Gobierno es incapaz de generar las políticas de creación de empleo que son necesarios para tener una vida digna.

Las llamadas a la unidad de la izquierda llegaron tarde. Se quiso hacer el trabajo de años en apenas un cuatro meses. Esa unidad de la izquierda española debió comenzarse a fraguar tras las elecciones europeas de mayo de 2014. Los resultados de esos comicios hacían necesario que los líderes de los tres principales partidos progresistas abrieran una mesa de negociación para crear una coalición de izquierda de cara a las Generales de 2015, algo así como se hizo en 1976 con la Plataforma de Organismos Democráticos donde no sólo había formaciones progresistas sino de todos los ámbitos ideológicos que conforman el arco ideológico de cualquier democracia moderna.

Esta idea ni se la plantearon y así estamos a día de hoy.

¿Cómo afronta la izquierda española los comicios del 26-J? Separada, como siempre, mirándose al ombligo y olvidándose de cuál es su misión, de cuál debería ser su objetivo primario: resarcir a los españoles del sufrimiento provocado por las políticas neoliberales y austericidas de la derecha. Sin embargo, si la situación es crítica en su conjunto si hacemos un análisis de cada uno de los tres principales partidos el futuro se nos pone aún más negro.

Podemos está buscando claramente el sorpasso al PSOE aprovechando que el liderazgo y el proyecto socialista es muy débil a causa de los errores de bulto cometidos por Pedro Sánchez durante el proceso de formación de gobierno. La formación morada es fruto de la indignación que hizo despertar el interés de la ciudadanía por la política y, como tal, tiene la ventaja de que no tiene un pasado del que rendir cuentas. Hasta ahora porque su actitud obstruccionista durante esas negociaciones puede pasarle factura. Sin embargo, Pablo Manuel Iglesias y su gente tienen algo que tanto el PSOE como IU perdieron hace muchos años: la posibilidad de ofrecer a la ciudadanía un proyecto basado en las principales reivindicaciones ciudadanas y con el beneficio de la duda. Este hecho hace que los líderes podemitas se sitúen en una situación de superioridad moral que hace muy difícil que el resto de fuerzas progresistas puedan alcanzar acuerdos porque en un momento en el que se hace necesario dar el brazo a torcer esa actitud hace que piensen que ellos son los poseedores de la razón absoluta y que su proyecto es el único válido para solucionar la vida de los españoles. La novedad, los nuevos discursos y la manera de entender la política de Podemos hace que atraiga a todo el electorado joven porque ven en él lo que no encuentran en las formaciones progresistas tradicionales: esperanza y escuchar lo que esperan oír como soluciones a sus problemas. Por otro lado, la formación morada se nutre de los votantes de izquierda que se han sentido traicionados tanto por el PSOE como por IU, traición que no perdonan porque está cimentada sobre la claudicación y la renuncia a principios que deberían ser irrenunciables para cualquier partido o formación progresista.

El PSOE se enfrenta a este periodo con el desgaste provocado por su líder, un desgaste que llena aún más la mochila de un pasado lleno de grandes aciertos pero también de enormes fracasos de cara a los españoles. El Partido Socialista está totalmente desnortado. Los años en el poder han depauperado incluso la ideología de la organización para llevarla hacia un modelo socialdemócrata basado en los parámetros que son comunes en los partidos del centro y el norte de Europa, modelos ideológicos que son absolutamente inútiles al aplicarlos en nuestro país ya que ante la ciudadanía esos postulados son tomados como una claudicación ante los intereses de las élites. Un ejemplo, y hay muchos, lo tenemos en la defensa de valores neoliberales por parte de uno de los principales asesores económicos del actual Secretario General y que lo fue también del último Presidente de Gobierno socialista. Ante esta situación de debilidad frente a las nuevas formaciones el Partido Socialista intentó acercarse a los ciudadanos a través de las Asambleas Abiertas que Pedro Sánchez inició en los primeros meses desde que fue elegido Secretario General por la militancia en un ejercicio de democracia interna jamás visto en nuestro país. Sin embargo, ese intento de acercamiento a la ciudadanía fue parado en seco cuando se inició la precampaña para las elecciones municipales y autonómicas y toda la estrategia del PSOE se basó en centrarlo todo en una campaña agresiva de propaganda basada en la imagen de su líder, con el riesgo que eso conlleva ya que introduce en la partida política factores subjetivos de los votantes. En otro orden de cosas, la Ejecutiva del Partido Socialista inició una especie de camino autoritario en el que intentó sembrar la discordia entre aquellos que le podían hacer sombra a Pedro Sánchez o que no se sometían sus dictados. De ahí vinieron intervenciones de federaciones y agrupaciones con las consiguientes purgas de militantes de base críticos con lo dispuesto desde Ferraz. En esas municipales se lograron los peores resultados de la historia del PSOE, desastre que fue tapado por la recuperación de poder en algunas Comunidades Autónomas. Ante esta situación no se reaccionó ni se cambió de estrategia. Todo se centró en la imagen del candidato y no en los proyectos. Ejemplo de esto que afirmamos lo encontramos en el pancartón de 74 metros cuadrados con el rostro de Pedro Sánchez que presidió la sede central del partido y la frase del Secretario de Organización en la que afirmó que «o Pedro Sánchez o nada». Se hizo una mala campaña electoral donde su argumento no se basó en lo que el PSOE podía aportar a los ciudadanos sino en lo que los gobiernos socialistas hicieron en el pasado en favor de la ciudadanía. Finalmente se consiguieron unos «históricos» noventa escaños, los peores resultados de la historia. Según Pedro Sánchez «se había hecho historia» y era cierto porque la candidatura que él encabezaba, la de Madrid, pasó a ser la cuarta fuerza política con sólo seis escaños.

Ante los resultados del veinte de diciembre la izquierda perdió una oportunidad de oro para llegar a un acuerdo de gobierno que borrara del mapa cualquier resquicio de las políticas austericidas del Partido Popular e intentar devolverles los derechos que un gobierno irresponsable les había arrebatado «por el bien de España». Sin embargo, no se hizo nada para lograrlo. Más bien se pusieron todas las zancadillas que pudieron. Podemos planteó la negociación desde la imposición de sus condiciones, algunas de ellas inasumibles por parte del PSOE. Los socialistas quisieron no correr el riesgo de sumarse a un pacto de gobierno progresista por miedo a que saliera bien y se reforzara al partido de Pablo Manuel Iglesias. La guerra entre la izquierda estaba abierta, como siempre y el acuerdo fue imposible. Si a las desconfianzas mutuas le sumamos las irresponsabilidades cometidas por Pedro Sánchez con tal de alcanzar la Presidencia del Gobierno, el único modo en que podría sobrevivir políticamente después de su enésimo fracaso, pues tenemos el cóctel molotov perfecto. Durante estos cuatro meses ha dado la sensación de que ha existido mucho postureo entre Podemos y PSOE pero que, en realidad, no ha habido ninguna intención real de llegar al más mínimo acuerdo. Cualquier propuesta lanzada por cualquiera de ellos era respondida con una rotunda negativa o con unas condiciones inaceptables. Realmente creemos que no se daban cuenta de la posición en la que se encontraban y de que no les convenía unirse. A Podemos se le quedó corta la campaña electoral y estuvo en su papel de que se repitiesen los comicios. Al PSOE no le convenía entrar en una coalición con los morados porque podría significar el reforzamiento de los de Iglesias. Por tanto, todos los movimientos que se hicieron estaban más orientados a rellenar páginas de periódicos que a otra cosa. Un ejemplo de esta nula intención de acuerdo entre las fuerzas de la izquierda lo tenemos en el pacto firmado por Pedro Sánchez con Ciudadanos. El Secretario General socialista sabía que se cerraba definitivamente la puerta a una alianza progresista e, inevitablemente, conducía a la repetición de las elecciones. Tras el rechazo del Congreso a la investidura de Sánchez, la estrategia del Secretario General fue la de hacer ver a los españoles que el único que había intentado el pacto era él pero, eso sí, sin tener ninguna intención de llegar a ningún acuerdo con Iglesias. De ahí que siguiera manteniendo su alianza con Ciudadanos y se quisiera que Podemos se sumara a la misma sin ningún tipo de cuestionamiento y sin alterar ni una coma de un texto que suponía una claudicación en toda regla al programa neoliberal del partido de Albert Rivera. Todo el mundo sabía que las elecciones eran inevitables y en el PSOE se quiso aprovechar el tiempo hasta la disolución de las Cortes en culpar a Podemos de la situación. Por su parte, los morados decidieron hacer lo propio queriendo culpar a Sánchez del bloqueo al no abandonar a Ciudadanos para firmar un pacto similar al firmado en Valencia entre PSOE, Podemos y Compromís.

Hay un factor al que no se ha dado demasiada importancia en los análisis de estos cuatro meses: la situación de Catalunya. La deriva independentista de los partidos catalanes ha sido uno de los elementos que ha obstaculizado cualquier posibilidad de acuerdo para formar gobierno. Unos la han utilizado en beneficio propio, como el caso de Podemos y su negativa a renunciar a la celebración de un referéndum de autodeterminación y, de este modo, ganar tiempo para la repetición electoral. A otros les ha servido de dique de contención para evitar los pactos. Lo que queda claro es que si la situación catalana hubiera sido otra, si sus reivindicaciones no hubiesen pasado de las tradicionales peticiones de un mayor autogobierno, de un sistema de financiación similar al concierto vasco o de disponer de mayores competencias, a estas alturas ya habría gobierno.

Hasta ahora hemos visto lo referido a la izquierda pero, ¿y la derecha? Por un lado tenemos a un Partido Popular cerrado en su mantra de que ellos eran los únicos legitimados para gobernar porque fueron los más votados y los que disponían de un mayor número de escaños olvidándose de un modo interesado de que nuestra democracia es representativa y que la formación de coaliciones es totalmente legítima. En estos cuatro meses no se han movido para intentar llegar a acuerdos con nadie sino que han esperado a que el resto se acercara a ellos pidiendo las migajas. Todo el mundo sabe que el Partido Popular no sabe pactar ni negociar sino que sólo aceptan que el resto se sume a su proyecto sin cuestionarse nada. Ha sido una actitud irresponsable con la que simplemente pretendían que fueran los demás los que se desgastaran al exponerse más mientras que ellos no hacían nada para arreglar la situación. Por otro lado está Ciudadanos. La intención del partido de Albert Rivera fue, desde el día después de las elecciones de diciembre, frenar cualquier posibilidad de pacto entre las fuerzas progresistas. Sus cuarenta escaños les permitían eso, pero nada más. Lo lograron al aprovecharse de la necesidad imperiosa de Pedro Sánchez de sobrevivir políticamente. Una vez firmado el pacto con los socialistas se dedicaron a bloquear cualquier posibilidad de pacto sin el PP, es decir, que su única intención era la de llegar a la Gran Coalición que los poderes y élites económicas, empresariales y religiosas reclamaban «por el bien de España».

Lo que se ha demostrado en estos cuatro meses ha sido la incapacidad de unos y de otros para llegar a un acuerdo de gobierno. Llegados a este punto, ¿qué les espera a los cuatro principales partidos de cara a las próximas generales del 26-J? ¿Cómo llegan a estos comicios?

Como ya hemos explicado, el Partido Popular es el que menos ha expuesto y el que se presenta ahora ante los españoles como el único capacitado para gobernar en vista de los errores cometidos por sus adversarios. Tienen dos estrategias, la tradicional de confrontar con el PSOE y la novedosa que es la de asemejar a Ciudadanos con los socialistas por el pacto firmado. Su intención clara es lograr recuperar parte del voto perdido en diciembre que se marchó al partido de Rivera. ¿Se ha reforzado el PP en estos meses? No, pero posiblemente parte de los votantes que dieron su confianza a C's en diciembre retornen al PP. Sin embargo, ha sido tanto el daño que han causado a los españoles, han sido tantas las mentiras con las que han gobernado, tienen tanta corrupción encima que, como mucho, lograrán alcanzar los ciento treinta escaños.

El PSOE ha sido el que más ha expuesto en estos meses pero también es el que más errores ha cometido. En primer lugar, aceptó el encargo del

Jefe del Estado para formar gobierno sin tener cerrado ningún acuerdo con nadie. En segundo lugar, firmó un pacto con la derecha que hará que muchos votantes socialistas se abstengan o se marchen a Podemos, sobre todo si los morados se unen a IU. En tercer lugar, han sido tantos los bandazos ideológicos que su líder ha dado que no genera confianza más que en sus más acérrimos defensores. En cuarto lugar, presentar como cabeza de cartel a una persona que no ha hecho más que fracasar desde que alcanzó la Secretaría General, que demuestra ser un líder débil y que, como tal, sólo sabe reforzarse a través de acciones autoritarias, es una mala estrategia de cara a unos comicios que estarán marcados por el hartazgo y el hastío ciudadano. En las elecciones del 26-J el Partido Socialista va a ser el más perjudicado, tanto en lo referido al número de votos como al número de escaños y, con toda probabilidad, volverá a repetir un «resultado histórico» pudiendo bajar, incluso, de los setenta diputados. La aventura suicida de Sánchez va a provocar que los socialistas pasen a ser la tercera fuerza política.

Respecto a Podemos sólo podrá mejorar sus resultados si se une a Izquierda Unida. La actitud obstruccionista de Pablo Manuel Iglesias ha generado un pequeño cisma interno que también se ha trasladado a su base de votantes. El propio comportamiento del líder también ha provocado que sean muchos los que piensen votar a otra opción o quedarse en casa el día de las elecciones. Sin embargo, es el constante bloqueo del pacto lo que ha provocado que muchos de sus votantes se hayan sentido traicionados. El discurso de Podemos estaba basado en resolver los problemas reales de la gente, de los de abajo. Sin embargo, una vez llegados a las instituciones se olvidaron de esas necesidades y se centraron en poner como condición para formar gobierno con el resto de partidos su entrada en el Ejecutivo y con un poder superior al del propio Presidente. Quienes lo están pasando mal y pensaron que el partido de Iglesias les iba a solucionar sus problemas se encontraron con que anteponían sus ansias de coger poder a las necesidades de los de abajo. Sin embargo, Podemos tiene la ventaja que tienen todos los partidos populistas: cuanto peor esté la situación, mejor para ellos. De ahí que de cara a la nueva cita electoral se hayan plegado a negociar con Izquierda Unida su coalición para lograr uno de los objetivos principales de los podemitas: lograr el sorpasso al PSOE y ser la fuerza hegemónica de la izquierda. Lo pueden lograr y se pueden colocar con una pinza que oscila entre los ochenta y cinco y los noventa escaños.

Finalmente, tenemos a Ciudadanos. Rivera se ha querido presentar ante los ciudadanos como una especie de Adolfo Suárez 2.0 y ha fracasado.

Su partido tenía el objetivo de frenar cualquier pacto de las fuerzas de la izquierda y lo ha logrado pero a costa de llevarnos a los españoles a unas nuevas elecciones. Otro objetivo, el de crear la Gran Coalición, no lo ha llevado a efecto. De cara al 26-J se presenta como quien lo ha intentado pero con el peso de haber pactado con la izquierda, lo que le restará votos. Por otro lado, los votantes socialistas de ideología socialdemócrata defraudados por la inoperancia de Sánchez se irán con Rivera. Lo más probable es que obtengan un resultado similar o ligeramente superior al del 20-D pero con número insuficientes para coaligarse con el PP y mantener el «statu quo» que las élites económicas, empresariales y religiosas quieren porque beneficia a sus intereses.

Lo que ha quedado claro en estos cuatro meses ha sido que ninguno de los cuatro líderes ha sido capaz de alcanzar el consenso suficiente como para formar un gobierno e iniciar la legislatura. Esta inoperancia provocada por la irresponsabilidad de anteponer sus intereses personales a los del colectivo, por un lado, o por el «dontancredismo rajoyiano», por otro, hace que los cuatro queden inhabilitados para repetir como candidatos el 26-J. Cuando en una empresa un jefe de equipo no logra sus objetivos se le despide o se le da otra función. Este es el mismo caso. Como ya hemos dicho, los españoles les pusimos una tarea a nuestros políticos y no la han cumplido. Lo más probable es que el día veintisiete de junio nos encontremos con una situación muy similar a la del veintiuno de diciembre. ¿Qué ocurrirá entonces? ¿Volveremos a mismo juego? ¿Rajoy se quedará quieto una vez más? ¿Sánchez intentará liarla de nuevo intentando lograr lo que matemáticamente es imposible con tal de sobrevivir políticamente? ¿Iglesias parará todo? ¿Rivera buscará la Gran Coalición? Si ya han sido unos incapaces durante cuatro meses, ¿qué nos dice que en junio se comportarán de otra manera?

Ante lo que hemos estado viviendo y lo que vamos a vivir es obvio que la ciudadanía se ha hartado y va a votar en junio con desgana y sin ninguna esperanza de que nada cambie. En diciembre la clase política se encontró con un pueblo ilusionado ante la nueva situación que se preveía que se iniciaría tras el 20-D. Sin embargo, los cuatro principales partidos se han encargado de destrozar esa ilusión por la política que se había despertado. Se dice que una de las cosas más peligrosas que existen es la esperanza. En España se acudió a votar el día veinte de diciembre con la esperanza de que las cosas iban a cambiar, de que nuestra democracia iba a afrontar un nuevo tiempo en el que se reforzarían los cimientos puestos durante la Transición con la adaptación a la realidad de unos conceptos que se habían quedado anquilosados, de que se iban a afrontar las reformas necesarias para mejorar la vida de una ciudadanía cansada de recibir golpes. En cambio, la clase política se ha encargado de destrozar esa esperanza y, como siempre ocurre en estos casos, el pueblo se vuelve a poner a la defensiva; la clase político ha logrado transformar la ilusión y la esperanza en un hartazgo profundo. ¿Merecemos eso? Aún están a tiempo de revertir esa situación actuando de manera responsable y lógica tras el 26-J. Si nos vuelven a fallar, las consecuencias serán apocalípticas.

Causas y consecuencias de la crisis de la socialdemocracia internacional[2]

Que la sociedad está cambiando a un ritmo que podría mantener perfectamente Usain Bolt es un hecho indiscutible. Sin embargo, esto no es algo propio solamente de estos últimos tiempos, sino que lleva ocurriendo desde el fin de la II Guerra Mundial. Antes del conflicto no podíamos imaginar en que menos de cien años el hombre hubiera estado en la Luna (si es que ha estado), que tendríamos satélites en órbita, que enfermedades que antes de 1.939 eran mortales ahora pueden ser tratadas con sólo tomar una pastilla o con un tratamiento farmacológico, que la mujer esté en posesión de derechos que la van acercando poco a poco a la igualdad, que los homosexuales no sean estigmatizados y que se puedan casar o que les esté permitido adoptar hijos o que estemos conectados con todo el mundo sin más requisitos que tener una buena conexión a internet. A lo largo de los

---

[2] Artículo publicado en el nº 4 de la revista *Diario16*

sesenta y un años que han pasado desde que los rusos entraron en Berlín o que los estadounidenses lanzaran las bombas atómicas contra Hiroshima y Nagasaki hemos visto cómo la Humanidad ha evolucionado en todos los ámbitos proporcionalmente lo que en otras épocas habría precisado de siglos. Hay dos aspectos en los que esa evolución se hace patente porque afectan directamente a la vida de los seres humanos: la economía y la política.

Las economías europeas quedaron destrozadas tras la Guerra Mundial. La posguerra hizo que fuera necesaria la intervención de los Estados para proveer a su población de los servicios necesarios para dar dignidad a sus vidas. Fue lo que se llamó «Estado del Bienestar». En esta época una parte de los beneficios del capitalismo iba a las arcas del Estado en forma de impuestos y aquél, a su vez, lo invertía en servicios como la sanidad o la educación y en generar estrategias políticas que se tradujeran en empleos dignos que, a su vez, llevaran a los ciudadanos a consumir y, de este modo, aumentar los beneficios de las empresas, beneficios que volvían a repercutir en los presupuestos estatales, es decir, que existía el concepto de la redistribución de la riqueza y, en mayor o menor medida, se aplicaba. El historiador británico definió esta época como «la edad de oro del capitalismo». En esta época fue muy importante la aportación de la socialdemocracia europea a la hora del mantenimiento de ese Estado del Bienestar. Los países democráticos, además, tenían un interés en que ese Estado del Bienestar se potenciara y se mantuviera: la existencia de los países de la órbita comunista. Los gobiernos debían ofrecer a sus ciudadanos las condiciones que evitaran que se interesaran o que se sintieran atraídos por lo que ocurría tras el muro de Berlín.

En esas tres décadas y media que van desde el final de la Guerra Mundial hasta la llegada al poder de dos personajes como Ronald Reagan y Margaret Thatcher la socialdemocracia europea tuvo un papel fundamental en el desarrollo de ese Estado del Bienestar por su propia ideología en la que se busca la redistribución de la riqueza sin negar la validez del capitalismo como teoría económica y política. Fue fundamental su aportación porque, en primer lugar, era una ideología heredera del marxismo y del socialismo y, de este modo, servía de contrapunto al comunismo; en segundo lugar, tenía un concepto muy claro de los aspectos que eran fundamentales para garantizar a la ciudadanía el mantenimiento del Estado del Bienestar a través de políticas de redistribución de la riqueza que generaban los beneficios del capitalismo. Países como Alemania, Suecia y el Reino Unido, con sus respectivos partidos socialdemócratas, son un ejemplo claro de ello.

La llegada al poder en Estados Unidos y Gran Bretaña de Ronald Reagan y de Margaret Thatcher comenzó a cambiar la situación. Sus políticas eran un atentado directo contra ese Estado del Bienestar que fue fundamental para el desarrollo europeo. La crisis del petróleo de 1.973 hizo que fueran muchos los que pusieran en duda el intervencionismo estatal en la economía que es fundamental para el mantenimiento de ese Estado del Bienestar ya que, según esas visiones críticas que provenían de economistas y políticos conservadores, que el Estado interviniera en las economías provocaba une estancamiento de las empresas y, por ende, una paralización del desarrollo porque, siempre según esas percepciones, los impuestos evitaban que ese dinero se invirtiera en estrategias de crecimiento empresarial. La llegada de Margaret Thatcher al poder en 1.979 fue un golpe a quienes defendían la permanencia de las esencias fundamentales del Estado del Bienestar. Se aplicaron reformas que reducían las partidas dedicadas a fines sociales y se iniciaron privatizaciones de servicios públicos que derivaron en una reducción de salarios y de derechos de los ciudadanos, gracias a la desregularización del mercado del trabajo. Muchos recordarán los conflictos laborales que se generaron a causa de la reacción de la clase trabajadora porque, aunque desde un punto de vista macroeconómico, Gran Bretaña salió de la crisis económica, los niveles de desigualdad y los índices de desempleo se incrementaron de un modo exponencial. Un año después, Ronald Reagan, un actor mediocre de ideología ultraconservadora, llegó a la Casa Blanca y aplicó medidas de reducción de impuestos que beneficiaron a las clases más poderosas pero que no repercutieron en las clases medias ni en las más desfavorecidas.

Durante estos ataques al Estado del Bienestar, la socialdemocracia entró en una dinámica de alternancia en el poder con los partidos conservadores de sus respectivos países, sobre todo por la visión según la cual la economía de mercado no es incompatible con el socialismo siempre que los Estados tengan la capacidad de mantener la protección social de sus ciudadanos. Personajes como Willy Brandt u Olof Palme fueron las principales figuras políticas que encabezaban esa visión.

Como ya se ha comentado anteriormente la caída del muro de Berlín fue el punto de inflexión para entender lo que ha ocurrido en nuestro mundo y las consecuencias económicas y sociales que estamos viviendo en la actualidad. La ausencia de un contrapeso político y la democratización de los países del Este provocaron que desde el punto de vista económico se volviera a intentar implantar las teorías neoliberales y liberalizar totalmente los mercados, es decir, intentar eliminar la intervención de los Estados en la economía. Por tanto, la eliminación del Estado del Bienestar. A medida que los años han ido pasando las políticas neoliberales apoyadas por los gobiernos conservadores en las principales economías europeas fueron ganando peso hasta llegar a la situación actual de libertad absoluta en los mercados financieros que incide directamente en las políticas de los Estados. El propio sistema capitalista ha pasado de basar sus beneficios en la productividad a hacerlo en la especulación en esos mercados, ha pasado de buscar el bien colectivo que provenía de la retroalimentación provocada por la sociedad de consumo a la búsqueda del beneficio individual que, evidentemente, repercute directamente en las fortunas de unos pocos y que, por tanto, genera elevadas tasas de desigualdad.

Ante estas modificaciones del statu quo mundial la socialdemocracia europea ha demostrado ser incapaz de frenar la ofensiva neoliberal y ha hecho patente su fracaso como teoría política y como opción real para solucionar los problemas de los ciudadanos, sobre todo después de una crisis como la que estamos viviendo en la actualidad y que fue provocada precisamente por los mercados financieros. Como ya hemos apuntado en líneas anteriores, uno de los puntos fuertes de la socialdemocracia estaba en su capacidad de generar políticas y estrategias para la redistribución equitativa de la riqueza a través del mantenimiento del Estado del Bienestar. Sin embargo, desde el año 2.007 con el estallido de la crisis global los partidos socialdemócratas en el norte y centro de Europa y los partidos socialistas en el sur del continente han sido incapaces de generar ilusión en sus respectos países y, lo que es peor, lo que intentaron introducir para evitar las consecuencias de dicha crisis fue tomado por sus pueblos como una concesión imperdonable a las élites empresariales, económicas y financieras. Este hecho, apoyado además por la confluencia con los conservadores neoliberales en instituciones como el Parlamento Europeo, donde votaron juntos un 73% de las medidas presentadas, está haciendo que la socialdemocracia europea esté perdiendo los apoyos que tuvo en el pasado y los ciudadanos estén yéndose hacia otras opciones, en algunos casos impensables.

¿Por qué la tendencia política que ha sido el sostén de la democracia europea y del Estado del Bienestar ha caído en esta decadencia? Hay varias razones. La principal, a nuestro entender, es la falta de entendimiento de las consecuencias que el nuevo statu quo del capitalismo y, por tanto, la ausencia total de proyectos con los que seguir siendo la garantía del mantenimiento del Estado del Bienestar. En una crisis económica como la que estamos sufriendo y de la que, a pesar de la propaganda de los cómplices de quienes la provocaron, aún no hemos salido, la socialdemocracia ha sido incapaz de adoptar medidas adecuadas que protegieran a las clases trabajadoras de rentas bajas y medias que han sido las más perjudicadas mientras que las élites que causaron la gran recesión han sido las más beneficiadas. Ya hemos dicho en líneas anteriores que el capitalismo original estaba basado en la producción y que sus beneficios provenían precisamente de los índices productivos. Ante esta realidad la socialdemocracia aportó su capacidad para generar políticas que redistribuyeran de una manera más o menos justa esos beneficios, dependiendo del país. No obstante, en el nuevo escenario especulativo del régimen capitalista en el que se prima por encima de todo el beneficio individual a través de la gestión de los beneficios en los mercados internacionales, la socialdemocracia se ha quedado sin herramientas para continuar con el reparto justo y global de la riqueza y, sobre todo, no ha aportado ninguna solución que satisfaga las necesidades de la ciudadanía ante el ataque sin piedad que están realizando desde la política los partidos conservadores de ideología neoliberal contra el edificio del Estado del Bienestar.

Otra de las razones más importantes por las que la socialdemocracia está en clara decadencia es la falta de soluciones, no ya para redistribuir los beneficios del capitalismo, sino para generar estrategias de producción de riqueza que cree nuevos puestos de trabajo para revitalizar las estructuras económicas de los Estados y, de este modo, continuar manteniendo el Estado del Bienestar.

Esta falta de soluciones ha provocado que uno de los pilares sobre los que se sostenían los partidos socialdemócratas o socialistas les haya dado la espalda en los últimos tiempos: la clase obrera, tanto de rentas medias como de rentas bajas. Los trabajadores se han sentido traicionados por la falta de soluciones aportadas por los partidos que antes eran sus más importantes defensores. Esta falta de apoyo por parte de la población que debería ser su base es interpretada por los diferentes partidos socialdemócratas o socialistas con una falta de autocrítica y con una ceguera impropia de quien ha demostrado durante casi un siglo tener una gran capacidad de análisis. Dicen que la causa de la falta de apoyo por parte de las clases trabajadoras, tanto de rentas medias como de rentas bajas, es una consecuencia de los éxitos en materia social de los diferentes gobiernos socialdemócratas que han dado una estabilidad y un bienestar a los ciudadanos que los ha transformado en perfectos conservadores. Este análisis es de una vacuidad de proporciones gigantescas y de una autocomplacencia innecesaria. Se olvidan de que la clase media es una invención de las élites dirigentes para evitar, precisamente, que los trabajadores se rebelen contra sus medidas. Sin embargo, se ha pretendido crear una nueva clase social que no es otra cosa que extraer de la clase obrera a aquellos que tienen unas rentas medias.

Otra de las causas de que la socialdemocracia esté en crisis es precisamente su indefinición ideológica, su traición a unos ideales que deberían ser innegociables o su peligroso acercamiento a los postulados liberales o conservadores. Los años en el poder de los diferentes partidos socialdemócratas o socialistas los ha ido separando de la ciudadanía, en algunos casos con barreras infranqueables, como lo ocurrido en Reino Unido durante los gobiernos de Toni Blair o Gordon Brown con su tercera vía a la que muchos politólogos han denominado «social-liberalismo» o lo que está sucediendo en la actualidad en Francia con el tándem Hollande-Valls con el invento del «socialismo pragmático».

Este alejamiento de la ciudadanía a la que deberían proteger porque son la base sobre la que habría de sostenerse el proyecto socialdemócrata/socialista viene provocado principalmente por los años que han permanecido en el poder. Según van pasando mayor tiempo en el poder las medidas que van tomando más favorecen a las élites a las que deberían controlar para cubrir las necesidades reales de los ciudadanos de a pie. La explicación de este comportamiento viene porque la ciudadanía no dispone de la posibilidad de acceder a los gobernantes como sí que la tienen esas élites económicas o empresariales. Esto les aleja de la realidad. Ejemplos tenemos muchos, pero pongamos uno que los lectores entenderán. Durante las dos etapas en que el Partido Socialista Obrero Español ha gobernado el paso de las legislaturas hacía que los paquetes de política social aprobado nada más acceder al poder quedaran ocultos tras la toma de decisiones más propias de un partido conservador que de uno socialista. Lo mismo ha ocurrido en el resto de Europa.

Hasta ahora hemos visto alguna de las causas que están llevando a la socialdemocracia a su desaparición en favor de otras opciones políticas. La crisis económica ha generado tanta desigualdad que la sociedad se ha vuelto a polarizar desde un punto de vista político y ante esa polarización los partidos socialdemócratas del centro y del norte de Europa y los socialistas del sur no hacen más que perder relevancia. Como hemos apuntado anteriormente, los partidos socialdemócratas tuvieron su mayor éxito durante el periodo que va desde el final de la II Guerra Mundial hasta la llegada al poder de Reagan y Thatcher porque suponían una opción progresista cuya ideología podía ser aprovechada como contrapeso del comunismo soviético tras la renuncia de la Internacional Socialista del marxismo y la aceptación de la convivencia del ideal socialista con el capitalismo. Sin embargo, el recrudecimiento del liberalismo impuesto por el norteamericano y la británica, el relajamiento ideológico buscando el voto de las clases trabajadoras de rentas medias siguiendo la creencia de que la llave de la puerta del poder está en ese invento del centro, el apoyo del grupo socialista en el Parlamento Europeo al grupo popular o al grupo liberal, el gobernar en coalición con partidos conservadores, y, sobre todo, la incapacidad demostrada para afrontar la crisis sin atentar contra la ciudadanía ha hecho que ésta vaya abandonando poco a poco a los partidos socialistas/socialdemócratas. En algunos países, como el caso de Grecia, el PASOK ha desaparecido del mapa en favor de la confluencia de izquierdas Syriza.

La desigualdad generada por la crisis económica ha polarizado totalmente la situación de los países, sobre todo en el sur de Europa. Los ciudadanos ven en los partidos socialdemócratas una parte más del frente neoliberal y han perdido la credibilidad necesaria para que aquéllos lo vean como una opción válida para resolver sus problemas. Esta polarización es una de las consecuencias más importantes de esta crisis de la socialdemocracia. Los pueblos parece que no quieren grises, o blanco o negro, porque en los extremos es donde ven las soluciones. Si a este abandono de las opciones tradicionales de la izquierda le sumamos los discursos de quienes se están beneficiando de ello, en los que escuchamos precisamente lo que queremos oír, entenderemos un poco más lo que está ocurriendo en Europa. Sin embargo, no en todos los lugares el comportamiento de las bases que antes apoyaban a los socialdemócratas/socialistas es el mismo.

En el sur de Europa han surgido multitud de movimientos, plataformas o partidos que nacieron de la indignación de las gentes ante las consecuencias de la crisis y de la falta de respuestas que la clase política daba a sus problemas, además de la sumisión de ciertos gobiernos a las condiciones que se les ponía desde instituciones supranacionales que no habían sido votadas democráticamente. Era el tiempo de las intervenciones por parte de la Unión Europea a países como Grecia, Portugal o Irlanda. En España coincidió con el incremento del desempleo derivado de la explosión de la burbuja inmobiliaria creada por el Partido Popular y de la falta de reflejos del Ejecutivo de José Luis Rodríguez Zapatero para paliar los efectos de la crisis con políticas eficaces. Organizaciones como Podemos, el Movimiento Cinco Estrellas de Beppe Grillo, el Bloco portugués de Catarina Martins o la Syriza de Alexis Tsipras. Todos estos movimientos han ganado apoyos sobre todo de los antiguos votantes socialdemócratas y, sobre todo, de las nuevas generaciones que se incorporan al censo con derecho al sufragio y que no ven en los partidos de la socialdemocracia la solución a sus problemas. Estos partidos, a los que algunos llaman populistas o radicales, van más allá en sus propuestas de lo que irían esos partidos con mayor tradición y experiencia política. Tal vez habría que tener en cuenta algo que los estudiosos y analistas dejan de lado: mucho de lo que defienden esas nuevas organizaciones, muchas de sus propuestas, estuvieron dentro de los programas de los socialdemócratas/socialistas y la traición a esos principios ha llevado a la ciudadanía a decidirse por apoyar a lo nuevo porque ya saben cómo va a funcionar lo que conocen. También hay que decir que otras muchas propuestas/proyectos de estas nuevas organizaciones son puro humo porque son irrealizables dentro del marco socioeconómico y político actual y porque quieren transmitir el mensaje que el pueblo decepcionado quiere oír. De ahí que se les llame populistas.

Sin embargo, lo más grave es lo que está ocurriendo en el centro, el norte y el este de Europa. En estos países la crisis de la socialdemocracia no está derivando en el crecimiento de fuerzas política a su izquierda sino en la extrema derecha. Este hecho es muy peligroso porque la historia nos ha demostrado cómo estas opciones suelen gestionar los Estados cuando llegan al poder. Países como Francia, Austria, Holanda, Hungría o Polonia, por citar algunos tienen sobre sus cabezas la espada de Damocles de los partidos de ideología fascista que defienden valores totalmente antitéticos a los democráticos por mucho que en sus discursos defiendan otra cosa. Como ya ocurrió en la década de los años treinta del siglo XX tras una grave crisis económica, estos partidos se visten con la piel de cordera para lanzar un mensaje a los ciudadanos en los que ofrecen todo aquello que han perdido a causa de la crisis: empleo, seguridad, orden, etc. Y entre esos mensajes que son bien recibidos por colectivos que en otras condiciones hubieran sido votantes de las opciones representadas por los partidos socialdemócratas, incluyen su adoctrinamiento contra la inmigración, contra los refugiados, contra el propio sistema democrático o contra las instituciones europeas y a favor de un nacionalismo exacerbado que lleva implícito un autoritarismo dictatorial. La falta de respuestas de la socialdemocracia es la gasolina que alimenta el motor de la ultraderecha ya que los ciudadanos se han visto desamparados por quienes deberían defender y garantizarles la defensas de sus intereses reales.

Otra de las consecuencias de esta crisis de la socialdemocracia es la aparición de un sentimiento antieuropeísta en gran parte de los países que conforman la Unión Europea. La manera de actuar de la UE en los últimos años no habría sido posible si los partidos sociademócratas/socialistas no hubieran traicionado valores que deberían ser innegociables. Las intervenciones económicas a los países más débiles del Eurogrupo y la actuación en las mismas de comisarios socialdemócratas como Joaquín Almunia, por ejemplo, provocaron que muchos ciudadanos europeos se sintieran traicionados por los partidos que tradicionalmente habían defendido sus intereses y habían encontrado soluciones para que parte de los beneficios de la riqueza se invirtieran en el Estado del Bienestar.

La socialdemocracia europea y el socialismo en el sur de Europa deben ser fieles a sus principios para poder sobrevivir y, además, debe profundizar en la aplicación de los valores máximos que marca su ideología. Si no lo hacen de este modo esta crisis que está sufriendo se convertirá en su certificado de defunción porque la política mundial va camino de someterse definitivamente a los dictados de las élites económicas y empresariales. Y no es sólo un problema de indefinición o traición ideológica sino que el verdadero inconveniente es su falta de soluciones ante este ataque contra todo lo que tiene relación con la protección de los más débiles y vulnerables desde los Estados, tal y como defienden los defensores de las teorías neoliberales. La socialdemocracia y el socialismo han de pensar en buscar modelos o estrategias que no sólo se centren el redistribuir de un modo más justo la riqueza o los beneficios del capitalismo, como han hecho hasta ahora, sino que estén más pensados en encontrar el modo de generar riqueza que garantice el mantenimiento del Estado del Bienestar.

«Spainxit», ¿solución, salida o problema?[3]

La crisis económica de 2.007 no sólo ha afectado a los niveles sociales, políticos y económicos de la Unión Europea sino que está siendo uno de los arietes utilizados por quienes jamás creyeron en el proyecto europeo. Es un hecho que lo que se ha dado en llamar «euroescepticismo» ha crecido en los últimos nueve años en todos y cada uno de los países miembros, sobre todo en los que llevan más tiempo dentro del proyecto y en los que más han sufrido las consecuencias de dicha crisis.

El fenómeno del escepticismo hacia Europa no es algo nuevo, sin embargo, hasta la explosión de la crisis se trataba de algo que, o estaba dormido, o se encontraba arraigado en sectores muy minoritarios tanto a nivel social como a nivel político. Sin embargo, siempre ha estado ahí y ha sido un hecho recurrente desde los referéndums para la aprobación del Tratado de Maastricht de

---

[3] Artículo de portada del nº 5 de la revista *Diario16*

1992 donde se empezó a atisbar que una parte de la población europea no era favorable al proyecto que se estaba fraguando en Bruselas. Desde entonces el escepticismo respecto a la UE fue creciendo poco a poco, sobre todo en los sectores de la extrema derecha (centro y norte de Europa) y en las distintas facciones neocomunistas o anticapitalistas. Un hecho que demostraba ese aumento del euroescepticismo era el constante descenso de la participación en las Elecciones Europeas: en 2.014 sólo acudieron a votar un 43% del censo total, lo que indica la falta de interés en los asuntos de la UE de la ciudadanía. Otro aspecto que delata que los europeos se muestran más escépticos ante las instituciones de la Unión es el voto negativo en referéndums convocados para ratificar tratados como ocurrió en Francia o Países Bajos con la Constitución Europea.

La crisis económica de 2.007 ha aumentado el sentimiento euroescéptico sobre todo porque en el territorio de la UE ha derivado en una crisis de la deuda soberana que obligó a varios países a pedir ayuda financiera a otros Estados miembros a cambio de la aplicación de una serie de reformas estructurales que iban claramente en contra de los intereses de la ciudadanía y que se han aplicado sin su consentimiento. Las políticas económicas de la Comisión Europa y las consecuencias de éstas han conllevado un descenso de la confianza de los europeos en las instituciones de la UE y, sobre todo, en su capacidad para resolver los problemas reales a los que se enfrenta día a día la ciudadanía, a las consecuencias reales de la crisis económica y a la situación de emergencia social que esas políticas ha generado.

El euroescepticismo no es un concepto unitario. Se podría afirmar que, tal y como bien lo definieron en 2.008 los profesores de la Universidad de Sussex (Reino Unido) Aleks Szczerbiak y Paul Tagart, hay dos corrientes principales: por un lado, tenemos el euroescepticismo duro, en el que se alinean aquellos que son contrarios a la propia existencia de la UE y a la pertenencia de sus Estados a la misma; por otro lado, tendríamos el euroescepticismo blando, que no están en contra de la existencia de la UE pero que anteponen los intereses nacionales al aumento de las competencias de aquélla respecto a la soberanía de los países. Son dos conceptos importantes que nos hacen ver que el euroescepticismo no es cualquier movimiento antieuropeo sino que tiene una base ideológica sobre la que asentarse con los matices correspondientes a su forma de entender el fenómeno y no como una corriente monolítica.

Lo que hay que tener claro es que el crecimiento del euroescepticismo está provocado por el profundo malestar de la ciudadanía ante las decisiones que se toman en Bruselas o en Estrasburgo y que van en contra de sus intereses. El euroescepticismo crece al mismo nivel en que crecen los movimientos que piden una democracia más pura en sus países, una democracia en la que los ciudadanos tengan más capacidad de participación en la toma de decisiones de sus representantes políticos. En este sentido es importante destacar la percepción de que hay un déficit democrático en el funcionamiento de las instituciones europeas, percepción que está basada en:

1. Las decisiones que se toman en la UE se hacen de espaldas a la ciudadanía al quedar fuera del control de los parlamentos nacionales.
2. El Parlamento Europeo, elegido por sufragio universal, es demasiado débil ante la Comisión, y todo ello a pesar de que se aumentaran sus poderes.
3. La «democracia» de la UE es demasiado opaca para la visión del ciudadano.
4. Las elecciones europeas son vistas como una farsa porque los ciudadanos no votan las políticas que se aprueban.
5. La deriva autoritaria de la UE que legisla o aprueba políticas que van en contra de los intereses generales de la ciudadanía.

El estallido de la crisis económica y la respuesta equivocada de la Unión Europea hizo que la percepción de la ciudadanía variara de manera significativa. Si durante los años de bonanza la gran mayoría de los europeos veían con buenos ojos la integración de sus países en la UE y las instituciones tuvieran un grado de aceptación superior al 70%, en el año 2.013 apenas llegaban al 30% los que continuaban teniendo una visión tan positiva, igualándose a quienes estaban totalmente en contra del proyecto de integración europea. Las políticas de austeridad impuestas por Bruselas hicieron que más de 40% de los ciudadanos tuvieran la percepción de que países estaban siendo seriamente perjudicados por seguir perteneciendo a la UE y que más de un 50% desconfiara abiertamente de la Comisión, del Banco Central Europeo, del Consejo de Europa y del Parlamento Europeo.

Si a las medidas económicas le sumamos la gestión bastarda que se ha hecho de la crisis de los refugiados tenemos un cóctel molotov que puede estallar en cualquier momento con la destrucción total de un proyecto que nació con un claro fin integrador, basado en la solidaridad y en el respeto a los derechos humanos y que se ha ido muriendo por el tecnocracismo, el nacionalismo y la toma de decisiones políticas y económicas que han ido en contra de los europeos.

España no es ajena a este crecimiento del euroescepticismo a pesar de que no haya un partido político que sea su bandera. En nuestro país la imagen de la UE ha sufrido un fuerte deterioro porque hemos sido uno de los grandes perjudicados por la aplicación de las medidas impuestas por Bruselas, tanto a nivel político como a nivel económico. En un Estado con una tasa de desempleo superior al 25% los recortes impuestos por Bruselas se tradujeron en la reducción de la tasa de protección social que ha llevado a que millones de españoles hayan tenido que acudir a las instituciones de caridad y a las ONG's para poder sobrevivir. Por otro lado, hay un dato que dato que dice mucho de la percepción que tienen los españoles de las instituciones: mientras antes de la crisis más de un 75% de los ciudadanos estaban de acuerdo con la permanencia de España en la UE, ese porcentaje ha bajado en estos años a un 45%. ¿Cómo es posible que uno de los países que más se ha beneficiado de la integración europea haya llegado a una desafección de este calibre? La respuesta la tenemos, precisamente, en la falta de respuesta de Europa ante los problemas de los ciudadanos y en la imposición de medidas que estaban orientadas a mejorar las cifras macroeconómicas olvidándose de la realidad del día a día. Esto ha llevado, de igual manera, a que la desconfianza en la Comisión Europea, en el Banco

Central Europeo, en el Consejo de Europa o en el Parlamento Europeo se haya disparado de tal manera que siete de cada diez españoles desconfían de la UE y de sus instituciones.

En España, a diferencia de otros países de nuestro entorno, no ha tenido a ningún partido político que haya abanderado el euroescepticismo y, sin embargo, nuestro país ya es el tercero en el que hay más rechazo hacia la Unión Europea, sólo por detrás de Grecia y Francia y por delante del Reino Unido. Esta ausencia de una representación política de ese sentimiento euroescéptico hace que genere mucho ruido, pero el rumor es tan grande que hay ciertos sectores de la izquierda que lo va incluyendo muy poco a poco en sus discursos.

¿Qué ha llevado a que uno de los países más europeístas a ocupar el tercer lugar en rechazo a la UE? La razón principal la encontramos en las políticas de austeridad presupuestaria impuestas por las diferentes instituciones europeas, políticas que incluso el FMI y la OCDE han determinado que han sido un verdadero fracaso y que sólo han logrado aumentar los niveles de desigualdad. La visión de los ciudadanos es que la máxima culpabilidad la tienen, por este orden, la propia Unión Europea y los gobiernos sumisos que no supieron oponer los intereses de sus nacionales a los datos macroeconómicos. España es uno de los países que más ha sufrido las consecuencias de la crisis económica del 2.007 por la explosión de la burbuja inmobiliaria creada por el Partido Popular y por la debilidad de su mercado de trabajo. Estos dos aspectos provocaron que en la segunda legislatura de José Luis Rodríguez Zapatero se destruyeran 3,5 millones de empleos. Ante esta situación en que habría que haber desarrollado estrategias económicas expansivas con la finalidad de generar empleo y de modificar el mapa productivo se tomó el camino contrario. Primero fueron las medidas restrictivas adoptadas por el gobierno del PSOE en la segunda parte de la legislatura, medidas que venían impuestas por Bruselas, tal y como pudimos ver en la famosa carta de Trichet al presidente Zapatero. Sin embargo, las penurias para los españoles no habían acabado. Tras llegar al poder el Partido Popular se hicieron recortes en derechos, libertades y en el Estado del Bienestar que no solucionaron nada, más bien lo empeoraron. España es el segundo país con una mayor tasa de paro de la Unión Europea, el país donde más ha crecido la desigualdad, donde los niveles de pobreza rivalizan con «potencias económicas» como Rumanía o Bulgaria, donde la protección social depende en exclusiva de las ONG, donde millones de españoles no tienen ningún ingreso o donde las causas sobrevenidas no son excusa para que el sector bancario te deje en la calle. En este contexto es normal que el pueblo español desconfíe de las instituciones europeas porque las consideran las verdaderas culpables de la situación junto a la sumisión irresponsable del gobierno del Partido Popular a unas políticas que sabían de sobra que iban en contra de los intereses de la ciudadanía. Los españoles se sintieron abandonados a su suerte mientras que tanto la Unión Europea como el propio gobierno de Mariano Rajoy les faltaba tiempo para rescatar a un sector bancario lastrado por las deudas adquiridas durante la burbuja.

Esas políticas de austeridad presupuestaria, además de tener unas consecuencias nefastas para la ciudadanía, demostraron que el proyecto europeo había fracasado. Se había olvidado el principio de solidaridad sobre el que se asentó la integración europea. Los países más ricos se iban haciendo más poderosos a costa del sufrimiento del sur de Europa. Las condiciones impuestas para rescatar las economías de estos países eran de una severidad que rozaba casi la psicopatía. Naciones como Grecia, Portugal, Irlanda o España se vieron obligadas a legislar en contra de sus conciudadanos si querían recibir las inyecciones económicas de la Unión Europea. En España el gobierno de Rajoy aprovechó que el Pisuerga pasaba por Valladolid para imponer, además, reformas de un claro corte ideológico con la excusa de que era necesario ser austero y con la promesa de que esto sólo iba a ser una tormenta pasajera. Estamos comprobando que no es así, que en este país los ricos son más ricos, que la clase trabajadora de rentas medias ha desaparecido, que se ha institucionalizado la explotación laboral o la semiesclavitud, que el sistema de pensiones está en serio peligro, que los niveles de pobreza nos han llevado a situaciones más propias de la posguerra que del siglo XXI o que millones de españoles no reciben ningún tipo de ingreso. ¿Cómo es posible que ocurra esto en la cuarta economía de la Eurozona?

Entre la austeridad, que ya ha reconocido el FMI y la OCDE que ha sido un verdadero fracaso y que ha generado más desgracias que beneficios, y la nefasta gestión que se está haciendo, por ejemplo, en la crisis de los refugiados, se puede afirmar sin riesgo de equivocación que el proyecto europeo está yendo hacia su fracaso por la falta de iniciativa a la hora de tomar decisiones que son fundamentales si se quiere que el proyecto de la UE desaparezca y esas decisiones deben pasar por la unión política. Hasta que eso no ocurra los ciudadanos se sentirán cada vez más separados de la Unión. Este fracaso ha venido propiciado por la mala praxis a la hora de ir dando al proceso de integración europea lo que realmente necesitaba, es decir, dar el paso definitivo hacia la unión política que evitara, de entrada, que cada Estado miembro, con toda lógica, mira primera a sus propios intereses que a los del conjunto de la UE y, por otro lado, dotaría a la Unión de un mayor carácter democrático. Pero ese es otro tema.

En los últimos años hemos sido testigos de cómo se ha producido dos procesos que nada tienen que ver el uno con el otro pero que guardan relación por el fin que persiguen tanto el «Grexit» como el «Brexit»: la salida de Grecia y del Reino Unido de algunas de las instituciones europeas. El primero hizo referencia a la posible salida de Grecia de la Eurozona a causa de la crisis de deuda soberana del país heleno y a la imposibilidad de hacer frente a los pagos a sus acreedores (FMI y países miembros de la UE). Se trataba más de un problema económico que de algo que tuviera que ver con el euroescepticismo y, sobre todo, no era una decisión tomada por Grecia sino que más bien era una expulsión del Eurogrupo.

El Brexit ya es algo más serio dado que se trata de la posibilidad de que uno de los Estados miembros se desligue de la Unión. Históricamente el Reino Unido no ha sido nunca muy europeísta. Siendo una de las naciones vencedoras de la II Guerra Mundial y una de las economías más potentes de Europa, ya fue reacia a su incorporación a la antigua CEE, cosa que se produjo en el año 1.973. Sin embargo, dos años después ya se convocó un referéndum sobre la permanencia del Reino Unido en la CEE. ¿Por qué tardaron tanto en unirse a la CEE? Hay razones económicas, dado que la economía británica no sufrió tanto en la II Guerra Mundial como las de los otros países fundadores y, por tanto, creció. Por otro lado, el planteamiento de un mercado común formado por diferentes países era mucho menos atractivo para los británicos que el que ya mantenían ellos con la Commonwealth. También había razones sociológicas, como que en la isla la población no se sentía incómoda con el aislamiento respecto del continente. Hubo otra razón de índole política: el presidente francés De Gaulle vetó en dos ocasiones la entrada del Reino Unido en la CEE. Durante el mandato de Margaret Thatcher también hubo tensiones ya que la ultraliberal entendía el Mercado Común como un espacio económico pero no estaba dispuesta a ceder ni un milímetro en la soberanía nacional para acelerar el proceso de integración política de la Unión, y en los años 80 la «Dama de Hierro» tenía mucho peso en la política internacional. En los noventa vuelve a haber roces a cuenta del Tratado de Maastricht. El eje franco-alemán defendía la creación de un proyecto global tanto económico como político, algo que los británicos no aceptaban, sobre todo por los conservadores. Por eso en las negociaciones de Maastricht el Reino Unido obtuvo ciertas cláusulas de exención (opt-out) que se incluyeron para evitar que países con reticencias a la integración salieran de la UE. Estas opt-out giraban en torno a cuatro áreas:

- Moneda única: no estar obligado a adoptar la moneda única (que no quiere decir que se esté obligado a adherirse a la Eurozona, tal y como ocurre con Suecia que sí tiene esa obligación pero que no adoptó el euro como moneda).
- Tratado de Schengen: en Reino Unido, al igual que en Irlanda, no se aplica el tratado de libre circulación pero con una visión asimétrica puesto que sus nacionales si pueden aprovecharse de la libre circulación por los países de la UE.
- Políticas sociales.
- Libertad, seguridad y justicia.

En el ámbito económico el Reino Unido también tienen privilegios como, por ejemplo, lo que se ha dado en llamar el «cheque británico» que no es otra cosa que la devolución por parte de la Unión Europea de dos tercios de la diferencia positiva entre las aportaciones del Reino Unido al presupuesto de la UE más el que ésta le devuelve en forma de prestaciones y transferencias.

Como se puede ver, el Reino Unido tiene suficientes privilegios como para querer permanecer en la UE. Entonces, ¿por qué quieren irse?

En los últimos años el sentimiento euroescéptico británico ha ido creciendo y fue recogido por el Partido de la Independencia del Reino Unido (UKIP). Este partido político ha ido incrementando sus apoyos entre los británicos llegando, paradójicamente, a ser el vencedor de las Elecciones Europeas de 2.014, un hecho histórico ya que desde el año 1.906 ningún partido que no fuera el laborista o el conservador había logrado imponerse en unos comicios. La presión que suponía para el Partido Conservador el ascenso del UKIP de cara a las generales de 2.015 hizo que David Cameron se comprometiera con sus electores a convocar un referéndum sobre la permanencia del Reino Unido en la Unión Europea. Sin embargo, los británicos ya tienen una serie de privilegios que han sido negociados a lo largo de

En el Partido Conservador hay importantes miembros que se han declarado abiertamente en contra de la permanencia del Reino Unido en la UE, algunos altos cargos, diputados electos e, incluso, el ex alcalde de Londres Boris Johnsson. La presión del UKIP hizo que ese sector se exaltara y presionara a Cameron quien tiró por la calle de en medio como ya hizo con el referéndum para la independencia de Escocia. Realmente Cameron no es un euroescéptico y no es partidario de la salida del Reino Unido de la UE sino que ha querido, por un lado, ganarse poder interno dentro de su partido por ese crecimiento del euroescepticismo y, por otro, tener una serie de bazas negociadoras para conseguir una serie de reivindicaciones que sin la amenaza del «Brexit» serían imposibles de alcanzar. Esas reivindicaciones son las siguientes:

- Que los ciudadanos de la UE no puedan solicitar prestaciones sociales en el Reino Unido durante los primeros cuatro años de estancia legal en el país.
- Reconocimiento de otras monedas en la UE, no sólo el euro, como divisa comunitaria y la no obligación de los países que no forman parte del Eurogrupo de participar en rescates financieros a otros Estados miembros.
- Mejora de la burocracia europea e incremento de la libre circulación de capitales, bienes y servicios.
- Incremento del peso de los parlamentos nacionales en la política

de la UE, es decir, quitar poderes a Bruselas.

En el mes de febrero de 2.016 Reino Unido y la Unión Europea, tras largas negociaciones, cerraron un acuerdo que Cameron consideró suficiente para que el gobierno defendiera la permanencia británica en la Unión. En términos de soberanía el Reino Unido la refuerza frente al lento avance hacia la integración total, es decir, que cualquier tratado futuro no se aplicará al Reino Unido. También se da un mayor poder a los parlamentos nacionales a la hora de aplicar el principio de subsidiareidad pudiendo vetar cualquier resolución en un plazo de 12 semanas si el rechazo supone el 55% de los ciudadanos europeos que esos parlamentos representan. En términos de los beneficios sociales y de la libre circulación de los nacionales de la Unión, se aceptaron las reivindicaciones británicas por las que no se concederán ayudas sociales a los ciudadanos de países miembros hasta pasados cuatro años de residencia legal en el país. A nivel económico, el Reino Unido logró que parte de sus reivindicaciones se aceptaran como, por ejemplo, una mayor integración en la Eurozona de los países que no pertenecen al Eurogrupo pero salvaguardando sus derechos y sus competencias. Además se da una mayor flexibilidad respecto a la banca, lo que muchos han entendido que lo que se pretende realmente es dar más privilegios a la City de Londres. Del mismo modo, el acuerdo con Reino Unido determina que se busquen mecanismos para una mayor integración empresarial que aumente la competitividad. En resumen, David Cameron consiguió que Europa, que tan inflexible se muestra con otros países miembros, cediera en aspectos que parecían innegociables pero que el peligro de que la segunda economía de la UE saliera de la Unión ha hecho que se aceptaran.

El 23 de junio se celebró el referéndum con el triunfo del «Leave» por un escaso margen porcentual pero con más de un millón de votos de diferencia. El pueblo británico habló y decidió que no querían seguir en esta Unión Europea, abriéndose un camino que nadie esperaba que se pudiera abrir, un camino que muchos están queriendo aprovechar para sus propios intereses políticos, pero una vereda que otros muchos podrían iniciar, no con la intención de salirse de la UE, sino como un medio para cerrar de una vez el grifo de las políticas que son tan nefastas para los ciudadanos y tan beneficiosas para las élites. Aunque aún esté caliente la desazón por la salida británica de la Unión Europea, este hecho, que no es positivo para nadie, hay que verlo también como una gran oportunidad para restaurar el espíritu de la integración europea.

El «Brexit» abre un camino muy peligroso pero que puede ser aprovechado por ciertos países que están siendo machacados por las políticas y las exigencias económicas impuestas por la Comisión. Cuando se habló de la salida de Grecia de la moneda común no se encendieron las alarmas porque económicamente los helenos no significan mucho para la estabilidad de los mercados. Por el contrario, países como Italia y España sí que tienen un peso importante dentro de la Unión y podrían suavizar o eliminar las condiciones que están ahogando a sus ciudadanos y que están provocando que los sistemas de protección social, que los pilares del Estado del Bienestar o que los propios derechos civiles reconocidos en sus constituciones estén en grave peligro de desaparición.

¿Por qué no se podría producir en nuestro país un «Spainxit»? ¿Sería la solución para que las instituciones europeas nos permitan afrontar los retos que nuestro país necesita para que la recuperación económica no se quede sólo en cifras macroeconómicas y llegue a los ciudadanos sin la amenaza constante de las sanciones por el incumplimiento de los objetivos de déficit? Al Reino Unido le ha ido bien con la amenaza porque Europa no se puede permitir que su segunda economía abandone el club. ¿Estaría dispuesta la

UE a dejar ir a la cuarta economía de la Eurozona? Más bien no.

Evidentemente, no es deseable que España salga de la Unión Europea, pero lo que no es aceptable es lo que la UE está haciendo a la ciudadanía española con el cumplimiento de los objetivos de déficit o con el memorando del rescate de la banca. Veamos qué ocurriría si tuviéramos un gobierno valiente que se atreviera a poner en marcha una maquinaria cuyo único fin sería la consecución de una serie de objetivos beneficiosos para España.

El artículo 50 del Tratado de la Unión Europea expone los procedimientos que debe seguir un país miembro si decide retirarse de la UE: «Todo Estado miembro podrá decidir, de conformidad con sus normas constitucionales, retirarse de la Unión». En primer lugar ese Estado deberá comunicar al Consejo Europeo su intención de abandonar la UE iniciándose un proceso bilateral de negociación para llegar a un acuerdo que determinará la forma de la retirada y el marco de las relaciones tras la salida. Evidentemente, los Tratados europeos dejarán de aplicársele en el momento en que se haga efectiva la retirada o a los dos años de la fecha de presentación de la comunicación citada anteriormente, plazo que podría prorrogarse si el Consejo Europeo lo cree conveniente.

Antes de continuar con este análisis el autor debe dejar claro a quien esté leyendo estas líneas que no es un euroescéptico, que piensa que la permanencia de España en la Unión Europea es fundamental para el desarrollo del país y que lo siguiente está propuesto como estrategia para conseguir de la UE las condiciones necesarias para que las políticas de aquélla no sean un lastre para el crecimiento económico y que ese crecimiento se refleje en las condiciones de los españoles, es decir, lo contrario de lo que está ocurriendo en la actualidad.

¿Qué consecuencias tendría para España su salida de la Unión Europea? En primer lugar, España debería salir del euro y volver a la peseta, lo que devolvería al país la soberanía económica a la hora de gestionar las políticas monetarias que hasta ahora eran imposibles. Por el contrario, la salida de la Eurozona traería una mayor debilidad en los mercados a la hora de conseguir financiación y unos mayores intereses a la hora de devolver la deuda. En segundo lugar, España saldría de la zona Schengen y sus ciudadanos no tendrían el derecho de libre circulación por la Unión Europea y de poder trabajar en igualdad de condiciones con los ciudadanos de otros países miembros. En tercer lugar, las entidades bancarias españolas quedarían fuera de la órbita del Banco Central Europeo, lo que les cerraría el grifo de la financiación que ha salvado a nuestro sistema bancario durante la crisis. En cuarto lugar, España no volvería a percibir los fondos de cohesión europeos que han sido desde el año 1985 uno de los pilares sobre los que se ha asentado el desarrollo español. Finalmente, España quedaría fuera del mercado único, lo que obligaría a las empresas españolas a hacer frente a costes excepcionales, como, por ejemplo, los aranceles aduaneros lo que encarecería sus productos y perderían competitividad lo que podría conllevar una salida de empresas hacia otros países para ahorrar costes.

Como se puede ver una posible salida de la UE no sería beneficiosa para España, pero tampoco lo sería para la Unión puesto que también tendría consecuencias importantes para ésta. Por un lado, España es una de las economías más importantes de la Unión Europea, la cuarta de la Eurozona, lo que provocaría que el PIB europeo se redujera en un billón de euros y esto es algo que Europa no se puede permitir. Por otro lado, nuestro país es uno de los que más ha apostado en el proceso de integración y la sola idea de que se preparara un referéndum para que los españoles decidieran sobre la permanencia en las instituciones europeas sería un golpe más a la débil situación internacional de la UE. A nivel monetario, la salida de España de la Eurozona provocaría que los equilibrios que se están manteniendo en Europa se vinieran abajo porque, no vamos a negarlo, la integración monetaria no ha sido bien aceptada por la ciudadanía por la inflación encubierta que trajo consigo sin que ese incremento de los precios se reflejara en los salarios. En España, por ejemplo, hemos tenido una inflación encubierta del 66% que nadie quiso parar, pero eso no es un fenómeno sólo de aquí dado que ha ocurrido en todos y cada uno de los países que adoptaron el euro como moneda oficial. Por otro lado, Europa no puede permitirse tener a un Estado como España fuera de la Unión y una moneda independiente que puede provocar alteraciones en el equilibrio que hasta ahora se está manteniendo con el resto de monedas de los países que no se quisieron integrar en el euro, como Reino Unido o Suecia. A nivel presupuestario, España aporta a la UE diez mil millones de euros anuales, cantidad que, evidentemente, dejaría de ingresar la Unión.

A nivel geopolítico, España es fundamental para la política exterior de Europa por, en primer lugar, su proyección natural hacia América Latina. La salida de España de la UE provocaría una separación importante hacia uno de los territorios donde muchas empresas de países miembros tienen muchos intereses. La mediación del Estado español ha sido fundamental en la entrada de esas empresas en Hispanoamérica. En segundo lugar, dentro de la estrategia común de defensa España es fundamental por su situación geográfica y su cercanía con el norte de África. La salida de nuestro país de la UE provocaría que se necesitara negociar nuevos tratados de colaboración con la dificultad que conlleva cuando se hace con países que no son miembros de la Unión, tal y como estamos viendo en la crisis de los refugiados.

Como se puede comprobar, España perdería mucho si decidiera salir de la Unión Europea pero Europa perdería mucho más, por eso el autor piensa que esa posición debe ser aprovechada para presentar en Bruselas un proceso similar al que ha planteado el Reino Unido porque, como hemos comprobado, da resultados positivos. La UE está tan débil que es el momento clave para lanzarse a jugar con dureza para lograr que los ciudadanos no sean víctimas de las políticas restrictivas y generar un escenario en el que nuestro país pueda crecer de una manera justa y no sólo en las cifras macroeconómicas.

¿Qué condiciones debería poner España para mantenerse en la UE? El autor piensa que algunas de las principales serían:

- Acordar un calendario de cumplimiento de los objetivos de déficit realista con la situación real del país y no con las tablas de la macroeconomía.
- Aprobación de políticas expansivas para reducir la tasa de desempleo.
- Eliminar injerencias de la UE en materias como las políticas sociales y que éstas no computen en el déficit público.
- No inclusión en el déficit público de los costes derivados del mantenimiento del Estado del Bienestar dado que no se trata de un gasto sino de una inversión del Estado.
- Aumento de los fondos de cohesión para implementar proyectos que reduzcan el desempleo.
- Creación de políticas comerciales que dé beneficios a las empresas y a los productos españoles.
- Creación de un espacio fiscal especial para aumentar la competitividad empresarial tanto de las empresas españolas como para atraer la entrada de inversión extranjera.

Estas serían algunas pero podrían ser muchas más. El Reino Unido ha marcado el camino. España debe aprovecharse de la debilidad de la UE para rentabilizar su importancia dentro de la Unión y que el pueblo español no sea víctima de las políticas erróneas que se han tomado hasta ahora y que tanto daño nos han hecho. Vuelvo a repetir que este artículo no es una llamada a la secesión de la Unión Europea sino todo lo contrario ya que la verdadera intención es la de presentar un escenario que debe ser aprovechado por el futuro gobierno, sea quien sea.